인생은 땅 한 방

인생은 땅 한 방

초판 1쇄 인쇄일   2021년 1월 2일
초판 1쇄 발행일   2021년 1월 8일

지은이   차길제
펴낸이   최길주

펴낸곳   도서출판 BG북갤러리
등록일자   2003년 11월 5일(제318-2003-000130호)
주소   서울시 영등포구 국회대로72길 6, 405호(여의도동, 아크로폴리스)
전화   02)761-7005(代)
팩스   02)761-7995
홈페이지   http://www.bookgallery.co.kr
E-mail   cgjpower@hanmail.net

ⓒ 차길제, 2021

ISBN 978-89-6495-200-9 03320

이 도서의 국립중앙도서관 출판시도서목록(CIP)은 e-CIP홈페이지(http://www.nl.go.kr/ecip)
와 국가자료공동목록시스템(http://www.nl.go.kr/kolisnet)에서 이용하실 수 있습니다.
(CIP제어번호 : CIP2020052265)

지금 여기,
60년 만에 볼 수 있는 엄청난 투자 기회가 만들어 지고 있다.
잡을 것인가, 보고만 있을 것인가?

人生은 땅 한 방

차길제 지음

초대박은 여기서…

B
I
G 북갤러리

땅 맛을 보라!

땅 공부를 많이 하다보면 부의 흐름을 알 수 있고, 세상 돌아가는 일도 보인다.

오랜 세월 익숙한 새벽 산책길인데 9월의 썰렁한 공기보다 뭔가 가슴 한편에 걱정이 스친다. 나이 탓일까? 오고 가는 사람들 입에는 마스크……, TV와 인터넷을 보면 하루 종일 반복해서 외치는 코로나 소리가 이제 짜증이 난다. 저녁 TV에는 온통 먹자판이다. 아파트 엘리베이터를 타보면 청년들에게 ㅇㅇ수당, 실업수당, 재난기금 등 다

다다~ 다 해준다. 돈을 못줘 안달이 나 있다. 옛날 어른들은 청년들에게 "하면 된다. 도전하라. 꿈은 이뤄진다."고 말했는데, 주말 북한산 주차장에 도착하니 주차 자동화시설은 사용하지 않고 여기저기 갑자기 근무자가 줄잡아 20여 명. 사실 1명도 필요치 않는데 인근 동사무소를 가도 근무자를 셀 수가 없고, 망해먹을 노동법으로 실업수당, 퇴직금 등을 피하기 위해 단기 2개월, 6개월짜리 직원만 뽑아 서로 죽는 길로 가는 세상.

아파트 25평짜리가 3년 전에 12억에서 현재 27억, 이대로 5년, 10년 더 간다면 이 나라는 어떻게 될까? 갑자기 베네수엘라가 스친다. 세계 최대 산유국, 우리나라 국민소득 1,000달러 미만일 때 지금 우리나라 수준. 현재 국민 85%가 절대 빈곤.

수백만 명이 국외로 탈출, 도시 봉급자와 사업하던 사람이 이 수렁에 빠졌다.

지금 이대로가 좋다고 외치는 두 부류가 있는데, 한 축은 권력과 도시 고가주택을 잡고 있는 사람, 또 한 축은 자신의 토지에 경작하여 먹고사는 사람, 지금 당신은 어디에 속하는 사람인가?

필자는 불확실한 내일을 위해 적은 돈이라도 '땅 보험'에 들어두자는 것이다. 눈에 띄게 돈 값이 떨어지는 세상, 공모주청약에 60조 뭉

칫돈이 몰리고 내년부터 3기신도시 토지보상금 50조가 풀리면 본격적으로 토지시장이 움직일 것이다. 수도권에서 멀지 않으면서 엄청난 미래가치를 안고 있는 접경지역 땅을 조금씩 확보하여 혹시 모를 식량위기와 화폐개혁까지 대비를 해두면 언제나 마음이 든든하리라 본다.

부자되는 습관, 땅을 가지면…

첫 번째 : 자기 소유 집을 가지면 가정이 안정된다.

두 번째 : 수익 나오는 다가구 주택, 상가주택 등을 소유하면 심리적으로 여유가 생긴다(전원주택은 신중하고, 목적에 비중을 둔다).

세 번째 : 땅을 소유하면 보고만 있어도 기분이 좋고, 경제적인 자유도 따라온다.

네 번째 : 어차피, 잘 잡은 땅 한 방이면 평생 부자로 살 수 있다.

어느 날 접경지역의 기적이 온다

코로나 이후 우리 생각과 완전히 다른 투자 변화에 대해 먼저 공부하는 자는 날마다 구름 위를 걷는 기분이 들 것이다.

조용히 다가오는 접경지역에 봇물이 터지는 순간, 한 번도 보지 못한 매물품귀현상으로 투자 지형을 뒤흔들 것이다.

지금 북한은 달러가 없다.

유엔 제재와 코로나로 인해 경제가 초토화됐다.

미국 바이든이 대통령이 되자 벌써부터 식량 폭등에 디폴트 징후까지 나타난다.

우리가 알지 못할 남북관계…….

박○○ 국정원장, 이○○ 통일부장관. 이런 분들이 전진 배치되었다. 무엇을 준비하고 있을까?

대한민국 마지막 남은 단 한 곳, 누구에게도 제대로 관심 받지 못한 숨어있는 보물 땅, 인생 팔자를 단번에 바꿀 곳은 바로 여기. 진짜 '내일의 부'는 여기서 나온다.

세계적인 투자 귀재 짐 로저스는 "앞으로 5년, 통일 한반도에 전 재산을 걸겠다."고 했다. 한반도에 일어날 새로운 투자 지형도, 세계적인 투자꾼들이 '대물' 출현을 지켜보고 있다.

수십 년 대한민국 부동산 투자의 길은 서울 기점 남쪽으로 집중되어 왔다. 그 결과 남쪽 핵심지역에 투자했던 사람들은 상당한 부를 일궜다. 상업지나 주택지, 공장, 창고부지까지 재미를 본 사람이 수도 없이 많다. 상대적으로 남쪽과 핵심개발지, 서울·수도권 아파트 등에 투자를 못한 사람들은 소외감을 많이 느끼며 산다.

이제는 아니다. 배 아파할 시간이 없다. 오래지 않아 투자의 지형도가 남쪽에서 북쪽으로 싹 바뀔 것이다. 파주와 연천 접경지역으로 변화가 감지되고 있음을 필자와 이 지역 '프로 중개사들' 사이에서는 다 알고 있는 현실이다. 알게 모르게 전국의 중개꾼들이 이 지역으로 모여들고 있고, 토지 큰손들이 조용히 큰 땅만 쓸어 담고 있다.

투자의 중심은 바로 여기

파주는 한반도의 허리로 봐야 하고, 연천은 그 중심이 된다. 그래서 앞으로 펼쳐질 신 북방시대에는 모든 투자의 중심은 바로 여기, 접경지역이 될 것이다.

인생역전을 꿈꾸는 자, 이제부터 핵폭탄급 대(大) 변화가 올 이곳에 집중하자. 어느 날 접경지역을 막고 있는 큰 대문이 열리는 순간, 이 지역 땅 한 평 사기도 힘들 것이다. 지금은 한 평에 식사 한 끼 값이지만 무거운 철문이 열리는 소리만 들려도 땅 한 평에 바로 소 한 마리 값을 지불해야만 살 수 있는 충격적인 우를 범하게 된다.

늘 기회는 두려움 속에 있다. 대한민국 투자지형은 40년간 이렇게 흘러왔다.

서울과 수도권, 대도시 주변은 수백 배 오른 곳도 있고, 지역에 따라 그렇게 흘러왔다. 이제 또 다른 기회의 투자지역은 많은 전문가들이 추천하는 그런 곳이 아니라 '바로 여기가 답'이라고 필자는 감히 말하고 싶다. 한반도의 딱 중심지 접경지역이라고……. 국내에서 소액으로 마지막 희망을 걸 곳이 접경지역이니 지금 헐값인 이 지역 땅에 황금 씨앗을 뿌려야 한다고…….

사람들이 다 아는 투자지는 먹을 게 없다.

그동안 제주에서부터 강원도 고성까지 토지 가격이 올라도 너무 올라 소액 투자는 엄두를 낼 수 없을 정도다. 서울은 말할 것도 없고 수도권 그 어느 곳이라도, 작은 이슈라도 있는 곳이라면 땅값이 장난이 아니다. TV를 보면 많은 전문가들이 앞으로 투자 유망 후보지로 GTX 주변을 말하는데, 막상 GTX가 들어선다는 지역을 다녀보면 이미 상상을 초월하는 땅값에 기가 죽어 쉽게 단념하게 된다. 그래서 필자는 적은 돈으로 앞을 보고 하는, 현실적인 투자라야 믿음이 가고 부담 없는 땅 투자 한 방으로 내 운명을 바꿔놓는, 그런 터닝 포인트를 잡을 수 있다고 말한다. 아무튼 대놓고 내세우지는 않지만 남북한 모두 남북경협을 강력히 바라고 있는 실정이다.

접경지역은 위험한 군사지역이라는 이유로 토지가격이 너무 싸다. 세월이 지나면 결국 우리들이 기다리는 통일 또는 경협 빅뱅이 올 수도 있다. 이런 예상을 해볼 수 있는데, 미·중 패권전쟁으로 어려움이 닥친 중국에 코로나19로 중국 경제에 심각한 문제가 생기면 세계 유일의 공산국가 체제에 변화가 생길 수 있다. 어떻게 보면 미국이 그쪽으로 몰고 가는 느낌도 들고, 지금까지는 국민의 눈과 귀를 가리는 언론 통제로 권력을 유지해 왔지만 이번 홍콩사태와 지방은행 뱅크런 홍역(예금인출사태) 등에서 보았듯이 경제가 무너지면 권력도 함께 끝난다.

만에 하나 이렇게 중국 공산당에 돌출 변화가 온다면 모든 걸 중국에 의존하고 있는 김정은 체제에도 급변이 올 수 있다. 그렇게 되면 우리가 기다리는 접경지역 경제특구시대가 빠르게 다가 올 수도 있다. 그 순간 대한민국 투자 중심은 바로 한반도 중심으로 몰리게 된다. 한편으로 조금 더 늦게 이 모든 것들이 온다면 부모가 뿌려놓은 씨앗의 결실은 자식이 거둘 것이다. 언제인가 부동산 중개 경영 40년 전문가가 남북 일부 지역이라도 사람들의 왕래가 이루어지는 날엔 접경지역 가치 있는 땅값은 바로 평당 1천만 원 이상으로 뛸 거라고 장담하였는데 그만큼 탐나는 자리가 많다는 것이다.

38선을 따라 교동도나 파주, 연천, 김화, 양구, 고성 그리고 특히 파주와 연천 지역은 날이 갈수록 살 떨리는 지역으로 보면 된다. 한반도 지도를 자세히 보면 접경지역을 따라 강원도 고성까지 고속도로가 준비되고 있다.

우리 국민 모두가 바라는 남북경협도 다시 재개될 것이다.

짐 로저스 : 세계에서 가장 자극적인 나라로 예견하고 이제 북한의 경제개방을 막을 수 없다.

도널드 트럼프 대통령 : 김정은을 만나고, 직접 북한을 보고, 세계에서 가능성이 제일 큰 나라다.

마이크 폼페이오 국무장관 : 한반도 통일은 독일처럼 어느 날 예고 없이 찾아온다.

정부에서도 DMZ 관광활성화 등 접경지역 개발에 13조 원을 우선 투자한다고 발표했다. 강화에서 고성까지 456km 38선을 따라 '통일길'을 개발하기로 했다.

무엇보다도 좋은 타이밍이 오고 있다

문재인 대통령과 중국 리커창 총리가 만나 고속철도 건설을 절충했다. 리 총리가 문 대통령에게 획기적인 제안을 했는데, 단둥에서 서울까지 고속철도를 놓자고 했다는 것이다. 남북철도 연결은 경원선을 현대화하여 돈이 들더라도 고속철도를 놓아야 한다고 말했다. 또 한 축은 서울~문산 간 고속도로가 지난해 말 개통을 했다. 이 고속도로는 익산~평택을 거쳐 서울~문산 간이지만 차후 개성~평양으로 직

접 연결하는 고속도로라는 점에서 향후 남북교류시대의 관문 역할을
할 것이다.

여기다 문산~도라산 고속도로도 착공 예정이다.

그리고 접경지역 군사시설 보호구역이 대폭 풀린다.

접경지역인 파주와 양주, 철원, 화천, 양구 등 군사시설 보호구역이
해제하거나 대폭 완화한다는 것이다. 민통선이남 접경지역의 상업 및
공장지대 주민 불편지역과 재산권 행사에 불편을 초래하고 있는 지역
등이다.

이들은 차후 연차적으로 해제할 예정이다. 이로 인해 해당지역이
풀리게 되면 일정 높이 이하의 건축 개발이 가능해진다. 사실상 그간
건축물의 신축 등이 금지돼 개발이 어려웠으나 제한 보호구역이 완화
되면 군과 협의 하에 건축물 신축 등의 재산권 행사가 가능해지는 것
이다.

어쩌다 보니 필자는 접경지역과 가까운 일산 · 파주 지역에서 25년
째 살고 있다.

그동안 민통선 땅과 파주·연천 지역 땅을 여러 필지 사고팔았다. 물론 현재도 일부는 보유하고 있다. 이곳 접경지역 땅값은 남북관계 이슈에 따라 민감하게 움직이고 가격 편차 또한 아주 심하게 널뛰기를 해 왔다.

수십 년 동안 접경지역 땅은 농사 외에는 아무것도 할 수 없는 쓸모없는 땅으로 취급되어 왔다. 간단한 행위라도 하려면 군의 동의를 받아야 하는데 허가가 나질 않았다. 그래서 38선을 따라 북한과의 핵심지역 땅은 지금까지 이렇듯 투자대상지에서 제외되어 왔다.

지금 관심 밖인 이 땅에도 햇살이 들려고 한다. 그래서 조금씩 사모으자는 것이다. 어느 날 남북 사이에 우리가 알지 못하는 변화가 오는 날에는 이런 땅이 하루아침에 자취를 감추고 단 한 평도 쉽게 살 수 없을뿐더러, 가격은 곧바로 10배씩 높아질 것이다. 그렇게 되면 눈 깜빡할 사이에 인생 팔자가 바뀌게 된다. 그날이 우리가 예상치 못한 속도로 다가오기 시작했다.

올해부터 대통령선거 바람과 코로나 이후 경제특수까지 겹치면서 새로운 투자처로 각광받을 접경지역 땅이 요동칠 것이다. 이 기회를 놓쳐선 안 된다. 한발 앞서 투자한 종자돈이 큰 재산을 불러온다.

결국 경제도 심리이고, 땅 투자는 '심리+타이밍'이다.

우리나라에 진짜 숨어있던 보물 땅인 '접경지역 바다'에 한 번쯤 빠져보는 것도 가족에게 인정받을 수 있는 도전이 아닐까?

통일성 투자연구소에서 차길제

차례

제5장 (쉬어가는 코너) 경제신문으로 보는 30년 전 투자의 역사

제6장 30년 전 과거에서 오늘의 빈부를 배우다

제7장 8가지 투자의 선택

간절한 마음, 통일을 꿈꾸다

통일은 이 땅의 모든 생명체를 춤추게 한다.
솔직히 말해서 아무리 글로벌시대라 할지라도
나이 든 사람에게는 그림의 떡, 열정의 두려움,
언어 문제가 앞을 막는다.

성장이 멈춘 이 나라에 또 다른 '기회의 땅' 한반도
반쪽이 열린다면 이 나라는 엄청난 새로운
도약의 길이 열릴 것이요, 이 나라 국민 모두에게는
무한 희망의 춤을 추게 할 것이다.

나는 기도합니다. 이 땅의 젊은이들이 꿈과 희망을
마음껏 펼칠 수 있는 통일 한반도를 돌려달라고……

– 통일성주 차길제

제1장

이 지역 땅을 사면
축복이다

60년 만에 볼 수 있는 또 다른 기회가 숨어있다.

변수가 많은 땅, 핵심 요점정리

• 땅 부자가 되고 싶다면 '33질문'을 먼저 공부해 두자!

1. 앞으로 땅 투자는 도로변 비싼 땅 투자시대는 저물고, 지역의 중요성과 '돌연변이 땅'이 미래에 돈이 된다(예 : 뷰, 도심 주변 싼 농림, 저렴한 창고부지).

2. 마음에 드는 땅이 보이면 매도자가 무슨 이유로 땅을 팔려고 하는지 먼저 파악하라. 순수한 자연 그대로의 땅인지, 돌고 돌아다니는 땅장사의 땅인지, 진입로 문제부터 모두를 파악하라. 주변에 물어보면 알 수 있다.

3. 조건이 좋고 급해서 판다는 땅, 아무리 깎아내려도 거래를 하려고 한다면 그런 땅은 사지 마라. 깊은 사연이 있다.

4. 이런 땅을 갖고 싶다. 땅 투자 최우선 순위는 언제라도 팔고 싶을 때 바로 매매될 수 있는 땅이다. 즉, 나도 좋아보였지만 다른 사람 눈에도 좋아 보이는 땅이 '1순위 물건'이다.

5. 보석이 될 만한 땅이 보였다면 이리저리 재고 망설이다 보면 기회를 놓치고 후회한다. 부동산 상승기에는 무조건 속도전이다. 돈 따지지 말고 매수하라.

6. 조금 하자가 있거나 약점이 보이는 땅은 싸게 사라. 맹지나 모양이 안 좋고 돈이 급한 땅, 상속 등으로 복잡하지만 등기부상 하자가 없으면 싸게 잡을 수 있다. 느긋한 마음으로 기다리면 좋은 결과가 있다.

7. 택지개발, 전원주택 부지로 잘 만들어 놓은 땅은 사지 마라. 진짜 돈 되는 땅은 자연 그대로의 땅이다. 택지로 조성된 땅은 투자용이

아니다. 이미 다 빼먹은 땅으로 손해를 볼 수 있다. 여기다 집을 짓게 되면 팔기도 어려워진다. 이런 곳에 모양 좋게 만들어 둔 단독 타운 하우스는 사는 순간 손실만 본다.

8. 보유하고 있는 내 땅을 팔라고 부동산중개사로부터 계속 연락이 온다면, 먼저 내 땅 주변에서 무슨 일이 일어나고 있는지 파악하는 일이 첫 번째다. 그 다음 이 모든 변화를 확인한 후 최종 결정을 해도 늦지 않다.

9. 땅은 겨울에 사는 것이 좋고, 파는 것은 봄이 좋다. 사람에 따라서 계획적으로 겨울에 조금 싸게 파는 사람이 많기도 하고, 아무것도 없는 겨울에 땅을 보면 더 잘 보인다.

10. 어렵게 결정하여 마음에 드는 땅을 샀다면 5~10배 이상 남지 않으면 팔지 마라. 세월을 기다리면 복이 온다.

11. 투자하고 싶은 땅을 샀으면 가능한 한 단기로 팔려고 부동산 사무소에 내놓지 마라. 부동산을 기웃거리다 보면 어렵게 잡은 돈

벼락 기회가 날아간다.

12. 땅을 산다는 건 대단한 용기다. 어렵게 매입했다면 주변에서 아무리 좋은 조건으로 팔 것을 종용해도 기다려라. 그래도 찾아오면 10배 이상 가격을 높여 불러라. 아마 좋은 결과가 있을 것이다.

13. 땅은 못 팔까봐 걱정할 것도 없고, 또한 그 땅을 못 살까봐 걱정할 필요도 없다. 무리해서 팔면 무조건 손실이 크다. 사고 싶은 땅도 서두르면 생각지도 않은 무리수가 생긴다. 땅은 순리대로 하라.

14. 땅도 시간이 지나면서 변화가 있다. 측량을 해보면 줄어드는 경우도 있다. 욕심을 내어 담보를 맡기고 사업이나 주식 투자, 갭 투자를 하다보면 땅은 도망간다.

15. 좋은 땅은 오래 묵히면 주인에게 풍요를 선물하고, 살아가는 데 심리적인 안정과 자식들에게 효도까지 받는다.

16. 좋은 땅은 6년 이상 보유하면 인삼이고, 10년만 가지고 있으면 산삼으로 변한다. 계속 보유하면 부자 소리도 듣고 가정도 화목하다.

17. 미래를 보고 땅을 산다면 비싼 도로변 작은 앞 땅을 사지 말고, 싼 뒤쪽 땅을 사라. 오래 소유하다보면 앞 땅이 도로확장 등으로 잘려나가는 경우가 많다. 뒤쪽 땅이 앞 땅이 된다.

18. 앞으로의 시대는 남들이 쳐다보지 않는, 길 없는 맹지를 사라. 세월이 지나면서 지적도 변경이 생기므로 뒤쪽 땅, 맹지 땅을 사두면 주변 땅과 합병이나 옆 땅이 함께 매도 요청이 있다. 결국 길이 나게 된다.

19. 사고자 하는 땅이 현 소유자 앞으로 오랜 세월 묵힌 땅이라면 따질 것 없이 사라.

20. 자연 땅으로 다른 사람에게 한 번도 넘어간 적 없는 땅이라면 '대박 땅'으로 잡으면 큰돈을 번다. 반대로 중개업소마다 돌아다니는

'걸레 땅'은 잘못 사면 팔기 어려운 '상투 땅'으로 큰 손실을 볼 수
있다.

21. 전원 주택지나 형질변경, 꺼진 땅을 반듯하게 만들어 둔 땅들은
    사지 마라. 이미 다 뽑아먹은 땅이다.

22. 언젠가 제주도, 세종시 주변처럼 '토지 붐'이 일기 시작한 지역에
    땅을 사려고 할 때는 너무 재다보면 사기, 또는 때를 놓친다.

23. 땅을 보러 다녀보면 건축허가가 난 땅이 있다. 이런 땅은 땅주인
    이 별 연구 다 해보고 답이 없으니 팔려고 하는 것이므로 안 사는
    게 답이다.

24. 지분으로 된 토지는 사고팔기 복잡하게 얽힐 수 있다. 골치 아픈
    땅은 안 사는 게 좋다.

25. 보기 좋게 합병된 땅은 사지 마라. 많은 변수가 들어 있다.

26. 사고자 하는 옆 땅이 얼마 전에 매매가 되었다면, 거기에 붙어 있는 땅은 사지 마라. 무슨 용도로 변화가 올지 아무도 모른다.

27. 넓은 하천변 땅은 사지 마라. 홍수가 나면 땅이 조금씩 쓸려 내려간다.

28. 역발상으로 축사 옆이나 오염지역 공장 주변 땅은 사라. 땅값이 헐값이다. 세월이 가면서 변화가 생기고 정상적인 가격을 받을 수 있다.

29. 가능하면 급하게 땅을 팔기 위해 부동산중개사무소 여러 곳에 다니지 마라. 약점이 잡혀 팔기 어려워진다. 그러다 보면 제 가격을 받지 못해 손해다.

30. 마음에 드는 땅을 잡았으면 보석처럼 간직하고 자랑도, 소문도 내지 마라.

31. 땅을 샀으면 '이 땅에 무엇을 할까.' 하고 쓸데없는 고민을 하지

말고 가만히 그대로 두라. 뭔가 시작하게 되면 돈만 투자되고 팔기도 어려워진다.

32. 상업지든, 주택지든, 어떤 땅이라도 가능한 한 건축은 하지 마라. 땅은 그대로 가지고 있다가 땅으로 팔아야지 욕심을 부려 건축을 하게 되면 건축업자만 웃는다.

33. 땅주인이 다르고, 건물주인이 다른 집이 있다. 이런 집은 가능한 한 사지 마라. 한 사람으로 해결책이 없기 때문에 팔려고 나와 있는 경우가 더 많다.

이제 온통 통일세상…

날마다 통일 세상 속으로 여행을 즐기는 나는 행복하다.

앞으로 5년.

온통 남북경협시대, 따로 산지 70년.

힘자랑 그만하고, 한집으로 뭉칠 때가 됐다.

지금의 한반도 반쪽으로는 성장 동력이 한계점에 왔다.

대한민국이 나아갈 길은 백지상태,

지금 북한에 운명을 가를 정답이 있다.

눈앞의 색깔과 실익만 보지 말라.

나를 던지는 충격적인 '미친 빅딜'이 옳은 처방이다.

서로 기댈 곳이 필요한 지금,

다시 비상하기 위해 예열중인 온통 '통일세상'을 상상하라.

– 통일성주 차길제

제2장

이 지역 경제특구에
관심을 집중하라

아파트 → 주식 → 코로나 이후 넘쳐나는 돈의 최종 목적지는 어딜까?

2020년 3월에 코로나19가 창궐하여 세계 팬데믹(Pandemic)을 선언하자 주가는 폭락하고 많은 사람들이 현금과 달러, 금 확보에 나섰는데 몇 개월이 지난 지금은 세계 증시 활황에 현금과 달러는 쓰레기라고 외치는 사람들이 많다. 왜냐하면 세계 각국에서 화폐를 막 찍어 뿌리는 세상에 금리까지 내리니 시중에 풍부해진 유동성 자금이 넘쳐났기 때문이다.

이 돈들이 아파트와 주식으로 몰리다 보니 폭등이 진행되고 있다. 사실 대도시 주택 값 폭등은 싼 금리에 20~30대의 성급함, 정부의 세수 확보(?)를 위한 위장 부동산 정책이 더해서 만들어 낸 결과물이다. 주식 또한 동학개미운동이라는 유행을 만들어 시중의 돈을 이쪽으로 유인하려는 정부 정책과 투자처를 찾지 못하는 거대 유동성 자금이 지속적으로 들어오고 있는 것이다.

그렇다면 그 다음 돈의 최종 목적지는 아마도 남북경협이 시작될 접경지역이 될 것으로 보인다. 지금은 조용하지만 한 번 봇물이 터지면 걷잡을 수 없을 정도의 쓰나미 같은 사태가 일어날 수 있다.

지금 우리사회를 보면 부의 대(大) 이동이 시작되었다고 보인다. 이 파도를 올라탄 사람과 못 탄 사람과의 또 다른 빈부 갈림길이 철저히 진행되고 있는 것이다.

인생, 끝날 때까지 끝난 게 아니다

2020년 5월 경제신문 : 軍 접경지 개발 꿈틀, 접경지 규제 대폭 풀리나

이제 통일 대비 '대박 땅'을 찾아보자.

우리나라 지도를 보면 포천과 철원, 김화, 화천은 서울에서 완전 지척으로, 1시간 30분이면 웬만한 곳은 가볼 수 있다. 또 이 지역을 돌아보면 길도 잘 나 있고, 산이 좋고 물도 맑다. 솔직히 먼 지방보다는 여러모로 좋은 곳인데 어쩌다 남북 대치로 잊히고 버려진 땅이었다.

필자의 눈에 세상이치는 음지가 양지되고, 양지가 오래 있으면 음지가 되는 것을 많이 봐왔다. 수십 년간 음지에 묻혀있던 흑돌이 양지로 나와 보물로 변신을 하게 된다. 아마 타 지역과 같은 조건의 땅과 비교해 보면 이 지역은 완전 헐값이다.

철원은 넓은 평야가 있고, 그래서 철원 '오대쌀'이 유명하다. 궁예 도읍지이기도 하다. 철원 고대산 정상에서 바라 본 철원평야는 정말 압권이다. 한탄강을 따라 싸고 좋은 땅이 널렸다. 인근 지역인 화천, 김화는 아직도 6ㆍ25 이후 멈춰진 지역으로 느껴진다. 이 지역을 돌아보면 곳곳에 격전지 흔적과 그 팻말이 말해주고 있다. 아직은 사람들 손이 타지 않은 곳이라 자연 그대로 미개발지로 남아 있는 유일한 지역이다. 앞으로 귀촌이나 농장, 캠핑장, 별장, 전원주택 등 할 것이 많아 언젠가 매스컴을 통해 바람을 탈 것이다.

1~2년 전까지만 해도 필자까지도 지금의 생각은 할 수 없었다. 땅이 있어도 군부대의 동의가 어려웠기 때문이다. 요즘 가끔 현장을 돌아보면 예전과는 완전 딴판이다. 이들 지역은 산과 계곡이 좋아 벌써 변화의 조짐이 보인다. 시대에 따라 부동산을 보는 눈도 달라져야 한다. 겨우내 얼었던 계곡이 녹는 소리가 들리기 시작했다.

이제 역발상이 필요할 때다

전 국토가 수도 없이 손 바뀜을 한 누더기 땅 투자는 그만하고, 누구에게도 손이 타지 않은 자연 땅 그대로인 접경지역 땅을 남보다 조금 빨리 큰돈 안들이고 많은 평수의 임야를 살 수 있다. 지금 소액으로 뿌린 씨앗이 5년, 10년 후에 무슨 일이 생길지는 아무도 모른다.

【'미등록 토지' 판문점 일대 70년 만에 주소 찾는다.】

최근 '6 · 25 후 지금껏 미등록 상태로 소유자 없이 남아있던 땅 분류'라는 기사를 봤다.

그간 서울 사람들이 민통선 안에 있는 땅을 많이 샀다. 분명한 것은 민통선 내에 있는 땅은 북한 사람 소유가 많고, 시중에 도는 권리증은 1980년에 새로 만든 신 권리증으로 보면 된다. 1950년 전 구문서 땅은 찾기가 어렵다. 남북 왕래가 생기는 날, 땅 임자는 분명히 구문서를 가지고 나타나리라 본다.

또한 이 지역은 정상적인 길도 제대로 없고, 산은 지뢰밭이 많다. 예측할 수 있는 것은 이 땅들은 모두 공원화가 될 것으로 본다. 필자가 이 지역 땅을 17년간 보유해 수도 없이 다녀봐서 잘 안다. 구입할 때 구문서가 있는 땅 찾기가 어려웠다. 그에 비해 민통선 인접 땅들은 모두 남한 사람 땅들이고 도로가 잘 되어 있다. 당장이라도 군의 동의만 나면 무엇이든 할 수 있다.

또 가격이 무조건 착하다. 우리들이 할 일은 남북관계 추이를 보면서 이 지역으로 가끔 주말 나들이를 다니다 보면 분명 갖고 싶은 자연 땅 선물보따리가 들어올 것이다.

이 지역의 한 이장은 "수십 년간 남북의 관계 냉각으로 그 고생을 했는데 앞으로 더 빠질게 뭐가 있겠어. 우리 지역은 아무도 관심 없는 곳이지만 앞으로는 많이 좋아질 거야."라고 말했다.

강원도 고성도 눈여겨볼 곳이 있다. 금강산 길목이 수년째 엉망이 되었다. 금강산 길이 끊겨 대진과 명파리, 통일전망대 위쪽으로 이 지역 경제가 초토화되어 있다. 그러나 속초를 경계로 토성면 봉포리와 화진포까지는 몇 년 사이 땅값이 너무 많이 올랐다. 제주도 땅 투자 열풍으로 이곳 동해안 끝자락까지 영향이 미쳤다.

동해안 해안가를 답사해 보면 각 지역마다 인구는 계속 줄어드는데 바다 뷰(View)가 나오는 땅들은 하나같이 천정부지 가격이다. 도시 사람들이 바다를 워낙 좋아하기 때문이고 살아보면 불편하지만, 이런 곳에서 누구나 장사를 하고 싶어 한다. 여기에 비해 고성군 끝자락은 금강산도 일부 보여 뷰로 따진다면 당연 최고 지역이다.

어느 순간, 남북 간의 어떤 변화가 감지되면 낙폭이 큰 대진과 명파 해변 위쪽으로 스프링 식으로 순간 튀어 오를 것이다. 여기에 관심을 가져야 한다.

얼마 전 속초 토성면의 큰 불을 보라. 싹 타버린 곳에는 새싹이 조용히 돋는다. 이제 여유를 가지고 긴 스탠스로 가져간다면 실행한 자에게는 엄청난 행운을 안겨주지 않을까?

제3장

접경지역 투자편

새로운 길이 뚫리는 곳에는
언제나 큰 변화가 있다

- 서울~문산 간 고속도로 개통 = 앞으로 이 노선은 개성~평양으로 이어진다.

- 경의선 서울~도라산역은 오래전에 완공 = 이 철도는 개성~평양으로 간다.

- GTX A노선이 서울~파주까지 현재 제일 먼저 공사 중

- 경원선 청량리~연천(KTX 열차) 복선으로 한창 공사 중. 이 노선은 철원~금

  강산~원산을 거쳐 시베리아로 이어지는 철길이다.

- 38선을 따라 강화~고성 간 고속도로 계획

- 자유로 연결 37번(준고속도로) 국도가 접경지역을 따라 계속 공사 중

- 송도대교~영종~강화, 서해평화도로 연내 착공 예정

바로 여기, 땅 한 방으로 또 다른 인생역전을 노려보자.

저금리로 돈이 똥값이다. 끝없이 올라가는 아파트와 주식, 금 등 우물쭈물하다 놓친 자신이 원망스럽다. 결국 이 많은 돈들은 코로나 이후 먹을 게 많은 곳으로 빠르게 이동해 갈 것이다. 현실적으로 은행이나 상가투자, 창업시장, 서울 근교 땅 등은 너무 비용이 많이 들고, 리스크 부담이 커 쉽게 가지 못한다.

더불어 대선이 가까워지면 한반도 중심 접경지역으로 모든 이슈가 몰릴 것이다.

남들이 보지 않는 이곳에 소액을 먼저 묻어라!

폭등이 시작되면 그땐 땅 한 평도 사기 어렵다.

한반도 평화수도 '파주' 투자 유망 포인트

파주는 필자가 현재 사는 지역이다. 그래서 누구보다도 잘 안다. 25년 동안 이 지역 땅을 사고팔아보니 앞으로 어떤 변화가 올 거라는 걸 어느 정도는 예측할 수 있다. 현재 임진각~연천 길목까지의 접경지역을 돌아보면 상당한 변화가 진행 중이라는 걸 단번에 알 수 있고, 어쩌면 우리가 잠시 잊는 순간, 큰 구멍이라도 날 것 같은 예감이 든다.

자유로를 타고 임진각 평화공원을 지나 통일대교 앞에서 민통선 출입패스를 보여주고 1km만 더 가면 좌측 10시 방향에 통일촌휴게소가 있다. 이곳에서 우측으로 가면 두 개의 검문소가 있는 읍내리 쪽이다. 이 쪽은 옛 개성군 장단읍 소재지가 있던 지역이라 주변이 넓고

산이 감싸고 있어 아늑한 느낌을 받는 지역이다. 이런 유례로 '살아 진천, 죽어 장단'이라 할 정도로, 그만큼 포근함이 있다.

통일대교를 건너서 곧바로 직진하면 큰 검문소 바로 좌측에 도라산역이 있고, 여기서 개성공단까지는 16km 지점에 자리 잡고 있다. 완전 지척이다.

도라산역이 있는 점원리 쪽은 우리나라 어느 동네처럼 마음이 편하지만 우측 읍내리, 서곡리 쪽으로 들어가면 아직도 긴장감이 생긴다. 지도를 보면 개성과 마주보고 있는 형국이다. 그래서 제2개성공단을 파평면 쪽에다 계획을 잡기도 했다.

필자가 민통선 외 접경에 붙어있는 이곳을 인생역전의 기회를 잡을 수 있는 땅이라고 말하는 이유는 지금의 접경지역 분위기가 과거와는 완전 딴판이기 때문이다. 파주의 슬로건이 '파주 평화수도'라고 한다. 군부대가 많은 지역인데 이제 모든 곳이 아주 조용하고 부대 주변과 훈련장에 잡초만 무성하다. 이미 문산~개성 간 고속도로가 되어 있고 경의선이 도라산역까지 잘 되어 있는데 북한 쪽으로 조금만 손보면 바로 KTX를 투입하여 개성~평양까지 단번에 갈 수 있는 교통요충지역이다. 또 서울~문산 간 고속도로가 개통됐고 수도권제2순환 고속도로가 한창 공사 중이다. GTX A노선이 파주까지 온다.

이미 임진각에서 판문점까지 모노레일 설치 준비에 들어간 걸로 알고 있다. 눈여겨볼 지역은 문산을 따라 탄현면, 파평면, 적성면이다. 한탄강을 따라 조망이 엄청 좋다. 벌써 강변 쪽으로는 전원주택과 카페, 캠핑장이 들어서고 있고, 37번 국도가 파주~연천~강원 쪽으로 고속도로처럼 잘 되어 있다. 눈에 띄는 것은 평택이나 제주 등지의 땅에서 10배 이상 수익을 본 중개사들과 땅 전문 선수들 상당수가 이 지역으로 들어와 있고, 많은 땅을 이미 확보한 걸로 안다. 다행히 요즘은 소강상태로 들어가 있다.

앞으로 남북 간 추이를 보면서 움직이면 된다. 도로변의 비싼 땅은 쳐다보지 말고, 또 민통선 내에 있는 땅도 무조건 싸다고 사면 큰일난다. 이 지역은 원래 땅주인의 60%가 북한 사람 소유이다. 전쟁 후 남한 땅이 되었고, 1980년에 지적을 복구하여 남한 사람들에게 소유권이 이전됐는데 정상문서가 아니다. 통일이 되어 북한에 있는 원소유자가 구문서를 가지고 나타나면 아마 분쟁의 소지가 있지 않을까?

이곳 임야는 모두 지뢰밭이고, 아마 지금의 민통선 토지 대부분이 평화공원으로 완전 묶인다고 보면 된다. 물론 현재 민통선 내 토지 주변에는 길도 제대로 없다. 결론적으로 필자가 추천하는 땅은 민통선 가기 전, 또는 해제된 '헐값 농지'를 말하는 것이다. 어차피 남북 일부가 열리면 접경지역 주변 땅들은 산업단지나 북한 사람들의 임시 거주막사 그리고 물류창고, 차량집합소 등으로 쓰일 용도가 너무 많다.

누구나 이 지역을 한 번 돌아보면 입지와 가격에 놀랄 것이다. 몇 년 전 민통선에서 해제된 경순왕릉 주변 쪽으로 땅값을 확인해 보라. 왜 지금부터 접경지역 땅에 여윳돈이 생기는 대로 조금씩 묻어두어야 하는지 그 답을 제시할 것이다. 강을 따라서 장산리(초평도 근처), 장파리, 장좌리, 두지리, 주월리 등도 로또가 따로 없다.

다시 살펴보자. 파주를 '한반도 평화수도'라 하는 데는 이유가 있다. 앞으로 많은 계획된 변화를 먼저 추려해 보면 통일과 남북경협 관련 일정이 많이 보이는데, 성동나들목에 조성되는 복합물류단지는 개성공단이 재개되면 입주기업들의 생산용 원 · 부자재와 완제품 물류거점단지다. CJENM 콘텐츠월드도 축구장 5개 크기로 공사가 시작됐다. 부동산 재테크는 오랫동안 눌려 있은 곳이 크게 터진다.

　이제는 그렇게 오래지 않아 파주 · 연천군 토지는 대한민국 마지막 불을 댕길 황금시장이다. 이곳에 관심을 갖는 당신은 진짜 부의 추월선을 타게 될 것이다.

한반도 딱 중심 '연천' 투자 유망 포인트

연천은 통일경제특구로 추진 중에 있고, 서울의 1.2배로 큰 지역이다. 서울 중심에서 불과 1시간 30분 거리에 있다. 군사시설보호구역으로 90%가 지정되어 있다. 이 지역은 수십 년 동안 내 맘대로 아무것도 할 수 없는 '억울한 땅'으로 보면 된다. 단, 어느 날 남북관계에 무슨 일이 생기는 날에는 오랜 세월 묶여있던 이 땅들이 어떻게 될까?

2년 전 연천 인근 산으로 산행을 하고 오는데 도로변 부동산중개소 앞에 차량이 하도 많아 문을 열고 들어가 보니 사람들이 북새통이었다. 금방이라도 남북관계에 뭔가 벌어지는 줄 알고 찾아온 발 빠른 사람들이다. 접경지역 땅 찾는 사람이 그렇게 많았다. 사실 이 지역 땅은 위험한 군사지역이라는 이유로 한 번도 제대로 평가받지 못한, 형편없이 저평가 되어 있다.

  필자 역시 그날 이후부터 접경지역 좋은 땅을 찾아 1년이란 시간을 공부하면서 싼 땅 1필지와 상가주택도 샀다. 입지 좋은 큰 도로변 주차장이 넓은 상가주택을 3억 원에 구입하여 멋지게 건물을 변신시켰다. 투자하는 데 든 돈은 2억 원, 나머지는 은행 대출로 해결했다.

  필자가 연천에 투자한 이유는 ① 입지에 비해 금액이 싸고, ② 남북의 최중심지의 숨은 미래 가치가 높고, ③ 자유로 연결도로인 37번 준고속국도의 연천구간이 완공단계에 있고, ④ 청량리에서 연천 행 경원선이 복선으로 공사 중인데 현재 하루 5~6회 다니는 열차가 완공 이후 KTX 열차로 하루 50회 이상 다닐 예정이다. 이 선로는 금강산 연장사업으로 연천~철원~금강산 그리고 원산을 거쳐 시베리아 횡단철길과 연결된다. 그리고 무엇보다도 이 지역은 앞으로 지속적으로 이슈화될 확률이 높다. 구석구석 생기는 건 부동산중개업소다. 필자는 이곳에서 상가주택에 다시 인테리어를 하여 베이커리카페를 운영한다.

경기 북부 의정부를 거쳐 동두천 전곡을 지나면 연천이다. 경기도와 연천군이 807억 원을 들여 이곳에 덴마크 테마파크를 조성하고, 남북경협이 이루어질 때를 대비하여 접경지역 개발 규제완화특별법 개정안이 통과되어 있어 이 지역은 앞으로 개발호재가 많다. 또한 37번 구도로 인접 산업단지 조성과 동서평화고속도로가 개통 예정인 강화~연천IC~전곡IC 등 많은 변화가 기다리고 있다.

한탄강을 따라 빼어난 경치에 캠핑장과 카페, 별장이 여기저기 생기고 있으며, 몇 해 전 민통선에서 해제된 지역을 돌아보면 강변 경치가 끝내준다. 민통선 해제 전 평당 5만 원선이던 땅이 해제되어 관리지역으로 바뀐 지금은 평당 150만 원을 호가한다.

이런 주변 땅이 평당 10만 원대다. 눈만 크게 뜨면 죄다 돈이다.

사실 서울 기점 남쪽으로 그동안 토지 가격이 너무 많이 올랐고 시골이라도 바다만 보이는 곳이면 상상을 초월하는 가격이 형성되어 있다. 반면, 북쪽인 연천 등의 접경지역 땅값은 20~30년 전 가격이나 별반 다르지 않고 그대로인 곳이 많다. 그러나 앞으로는 다르다. 지금 돌아가는 남북관계로 볼 때 그렇게 오래지 않아 커다란 봇물이 터질 공산이 크다. 그땐 이 지역 땅 100만 원 이하짜리는 찾을 수 없을 거라고 예상해 본다.

유망지역으로는 연천군청 주변이 지금은 상당히 낙후되어 있지만 도로와 철도 신 대합실이 생기고 인근 산업단지에 기업들이 들어오기 시작하면 급변할 지역이다. 장남면과 백학·미산면은 강변 입지가 뛰어나 땅 투기 바람이 심하게 일어날 지역으로 눈여겨봐야 한다. 무엇보다도 연천은 입지적으로 한반도의 정중앙에 자리 잡고 있고, 지역이 넓다. 그리고 산과 강이 좋아 사람이 살기에 정말 좋은 곳이다. 지도를 보면 청량리에서 직선으로 북한으로 관통할 수 있는 핵심지역으로 볼 수 있다.

남북이 하나 되는 날 이 지역은 하루아침에 계란의 노른자처럼 황금 땅이 된다. 솔직히 지금은 연천 전역을 돌아봐도 뭐가 뭔지, 또 맥점은 어디인지, 땅을 모르는 사람은 도무지 알 수가 없다. 돈 길을 찾는 사람이라면 틈나는 대로 이 지역으로 답사를 다녀보는 게 좋은 공부이고, 나중에 보면 놀이가 돈이 되어 부자의 대열로 들어서게 할 것이다.

30년 전 서울 수도권 지도를 보니 지금보다는 아주 작은 모습이 었다.

땅값 추이도 관찰해 보면 전혀 예상치 못했던 변두리의 아주 싼 땅들이 어떤 개발 변화로 인해 수백 배가 오른 곳도 많다. 이제는 전국을 돌아봐도 웬만한 곳은 모두 올랐다. 단 한 곳 남은, 숨겨져 있던 보물 땅 '접경지역'에 대한 투자를 실행하는 자에게 인생역전의 기회는 분명히 있다.

갯벌이 빛나는 '강화도' 투자 유망 포인트

　강화도는 본섬이 있고, 또 2개의 각기 다른 특색이 있는 섬이 있다. 석모도와 교동도이다. 강화 본섬은 아주 넓은 지역으로 10년 전만 해도 강화도 땅을 사면 큰 복을 받은 사람이라고 할 정도였다. 그만큼 강화도 투자가 유망하다는 뜻이기도 했다. 몇 번에 걸쳐 거세게 투기 바람이 불었던 지역이기도 하다.

　지형이 야산으로 이루어져 있고, 수도권에서 제일 가까운 바다와 문화재, 볼거리, 먹을거리가 많은 지역이 강화도다. 토질이 전원주택 짓기가 좋은 환경이고 갯벌과 석양이 멋진 곳이 많다. 카페와 펜션, 외식장소, 캠핑장 등의 좋은 입지를 갖추고 있다. 한때 땅값이 상당히 비싸기도 했고 좋은 땅 찾기도 쉽지 않았다. 그러나 교통문제와 인천 광역시의 투자계획이 미루어지면서 그 열기는 완전히 식고, 땅값 또한 많이 내려와 있는 상태다.

앞으로 인천 송도에서 영종대교를 건너 영종에서 강화 본섬을 거쳐 석모도~교동도까지 멋진 다리가 예정되어 있고, 교동도에서 1.6km 떨어진 황해도 연백으로 이어지는 다리까지 추진된다. 또한 강화~서울 간 고속도로, 강화~고성 간 고속도로 등이 계획되어 있다. 그야말로 꿈이 현실이 되는 것이다. 여기에 강화 남쪽 매립지와 길상신도시의 대규모 의료관광 산업단지 프로젝트가 현실화될 기미가 보이면 급등할 지역이다.

남북관계가 조금이라도 좋아지면 강화도는 황금의 땅이 되는 것이고, 이 지역에 먼저 투자한 사람은 자손 대까지 복을 받게 된다. 강화 읍내 군청과 풍물시장 주변 상업지역 땅이 아직은 많이 저평가되어 있고, 개발 여지는 상당히 많다.

자세히 돌아보면 현재는 강화도 전역이 난개발 상태인데, 특히 강화군청의 시내권과 길상부도심권이 도시를 형성하고 있다. 지역적으로 보면 남쪽 동막 가는 바닷길 인근 땅들이 비싸기도 하고 좋은 땅이 많다.

그러나 앞으로 남북관계가 좋아지면 미래 가치가 높은 지역은 양사면 인화리, 북성리, 철산리까지 빛을 볼 땅이 널려있다. 현재 입지 좋은 땅이 평당 10만 원대인데, 심지어 몇 만 원짜리 땅도 있다.

또 송해면 당산리, 숭뢰리, 대산리까지도 판이 뒤집혀 아주 좋은 지역으로, 이쪽 땅들은 지금은 돌덩이같이 보이지만 머지않아 반짝반짝 빛나는 보석 같은 땅으로 변해 갈 것이다.

저 만큼 밀려 내려오는 먹구름 뒤 따라오는 해님을 볼 줄 아는 것이 본인의 노후를 풍요롭게 해줄 것이다.

• 강화도의 보석 '석모도'

몇 년 전에 석모도 해명산을 등산하고 부동산을 들렀다. 부동산중개사무소에서 석모도를 소개하는데 '작은 제주도'라고 하는 말을 들었다. 사면이 해안으로 바다 조망을 다 볼 수 있고 중앙을 가로지르는 제주 한라산처럼 아름다운 산이 자리 잡고 있다. 이곳은 얼마 전까지 투기 붐이 심하게 일었던 곳 중 한 곳이다.

석모도의 중심은 역사가 깊은 보문사가 자리 잡고 있다. 1년에 이 절을 찾는 사람이 수만 명으로 아주 유명한 절이다. 2017년 석모대교 개통으로 배타고 가는 섬이 아니라, 차량으로 바로 갈 수 있는 육지가 되었다.

석모도는 수도권에서 아주 가까운 섬으로, 바다와 산이 잘 조화를 이뤄 복 받은 땅이다. 여기다 세계적인 온천개발과 해안골프장까지, 삼산면 매음리 석모도 리안월드시티는 15만 평 부지에 대규모 관광단지를 조성중이다. 온천장, 관광호텔, 상업시설, 테마파크, 한옥온천별장 등 벌써부터 현장을 돌아보면 규모가 상당하다.

또 다른 개발 예정지는 섬돌모루도인데 남이섬같이 관광단지로 개발하기 위해 추진하고 있다. 석모도에서 바라보이는 볼음도, 주문도, 야차도에 연륙교가 들어선다는 것이다. 현재는 배로 가지만 3개의 섬을 잇는 연륙교가 건설되면 빼어난 바다 조망으로 많은 사람들이 이곳을 찾을 것이다.

투자 방향은 현재 석모도의 모든 것은 삼산면 매음리가 중심이고 땅값 또한 상당히 비싸다. 그러나 앞으로 남북관계의 변화가 일어나면 확 달라질 곳으로는 상리, 하리다. 교동도 다리가 놓일 주변으로 투기가 일 것이다.

하리항 주변에서부터 상리 쪽으로는 현재 미개발지역으로 땅값이 현저히 낮다. 당분간 부동산 경기가 꺾이면 가격은 불과 몇 만 원에 살 수도 있다. 이런 지역은 좀 더 길게 본다면 정말 좋은 투자처일 것이다. 연륙교가 생길 주문도, 볼음도는 카페와 캠핑장 입지로는 최고의 투자지로 보면 된다.

석모도는 서울에서 멀지 않은 바다와 천혜의 자연 그리고 세계적인 온천까지……. 아마 언젠가는 크게 빛을 볼 땅으로 봐야 한다.

부동산 경기가 한 번쯤 충격이 오면 이 지역에 관심을 갖는 게 노후가 풍요롭다.

· 강화도의 숨은 미래 금싸라기 땅 `교동도`

강화도는 많이 갔지만 교동도는 필자의 관심대상이 아니었다.

최근 수년간 석모도에 관심이 집중되어 틈만 나면 답사를 다녔고, 땅을 구입하기도 했다. 강화도 전체를 보면 석모도 지가가 제일 비싸다. 현재 석모도는 가시적으로 개발이 한창 진행되고 있기 때문일 것이다.

앞으로 미래 투자 가치가 있는 곳은 어디일까?

단연 교동도일 것이다. 현재 교동도는 아주 조용하다. 불과 2~3km 바다너머 황해도 연백군이 손에 잡힐 듯 빤히 보인다.

교동도 입지를 볼 때 남북관계가 좋아지면 최우선적으로 바람이 불 곳이다. 북한으로 다리 놓기도 아주 쉬운 곳이고 평양 쪽으로 진입하기 좋은 최상의 길목으로 보인다. 정부에서도 이 지역에다 남북 합작 산업단지, 북한주민 임시거주지 등의 계획이 있다.

얼마 전 강화읍에서 교동도 가는 우회 준고속도로가 개통되어 잠깐 만에 교동도 입구까지 도달할 수 있다. 또 몇 년 전에 교동도를 들어

가는 아름다운 다리가 놓였다. 이 지역이 과거 민간인 출입금지 민통선이었지만 지금은 해제되어 누구나 자유롭게 출입이 가능하다.

교동도는 아직도 전쟁 이후 피난민들의 생활상을 그대로 볼 수 있다. 대룡시장을 중심으로 황해도 연백에서 잠시 피난 온 사람들이 집단으로 모인 거주지와 생활터전인 시장이다. 주말이면 관광객이 넘쳐난다.

이 지역을 '평화의 섬'이라고 부르는데 자세히 보면 미래 가치가 엄청난 지역이다. 우선 이 지역 지가가 싸다. 민간인 출입통제지역이었기 때문에 한 번도 투기 바람이 불지 못했다. 그리고 위치적으로 볼 때 북한과의 최단거리에 있고, 수도권에서 멀지 않은 곳이라는 점이다. 무엇보다도 깨끗한 바다와 오염되지 않은 넓은 땅이 매력적이다.

투자하고 싶은 지역으로는 대룡시장 주변 도시지역 내 근린생활시설 자리까지가 평당 30~120만 원 선이다. 고구저수지변 전원주택지는 20~40만 원, 봉소리와 읍내리, 상용리 땅은 20만 원 선이다. 바다 조망이 아주 좋다.

진짜 핵심지역은 교동도 입구 양사면에서 인사리, 지석리 쪽일 것이다. 이 지역은 북한을 바라보고 있는데, 현재는 그야말로 헐값이다. 남북관계가 번쩍하는 날에는 바로 10배~30배 이상 뛸 땅으로 보면 된다. 매의 눈으로 직접 보면 가슴 떨리는 소리가 들릴 것이다.

교통의 요충지 '포천' 투자 유망 포인트

포천은 연천과 철원 사이에 자리 잡고 있는 곳으로 서울이 가깝고 교통요충지이다.

잘 알려진 산정호수, 억새군락지인 명성산, 비둘기낭폭포, 하늘다리, 포천아트밸리, 백운계곡 등 높은 산이 많은 지역이고 포천이동갈비가 유명하다.

포천은 서울에서 1시간 30분이면 갈 수 있는 거리이며, 계곡이 좋아 물이 맑다. 구리~포천 간 고속도로가 완공되어 쉽게 강남이나 지방 어디라도 갈 수 있어 도로 사정이 좋다. 수도권제2순환고속도로가 이 지역을 지나게 되어 있고, 4개의 산업단지가 생기는 중이다. 전철 7호선 포천 연장사업도 결정, 교외선 포천과 철원까지 조기 시행되도록 준비 중에 있다. 지금 한창 공사 중인 경원선은 2023년에 개통 예정으로 남북교류와 통일을 준비하는 사업이라고 볼 수 있으며, 경기 북부지역의 물류 첨단 중추도시로의 발전을 기대하고 있다.

그렇다면 포천의 핵심 투자 포인트는 어디인가?

기존 시가지가 있는 지역들은 이미 개발이 끝난 지역, 즉 사람으로 보면 60대에 왔다고 보면 된다. 필자가 눈여겨보는 곳은 연천과 철원 사이에 있는 관인면과 영북면 쪽으로 더 넓은 미래 가치가 보이는 땅들을 추천하고 싶다. 비둘기낭폭포와 하늘다리가 있는 이 지역을 보면서 수도권에 이만한 거리에 있는 곳의 토지가격, 입지조건 등을 따져봤을 때 이렇게 싼 땅이 있다는 게 신기할 정도였다.

삼율리, 초과리, 한동리 등과 영불, 일운 등은 남북관계가 좋아지면 하루아침에 지금의 가격에서 10배는 뛰어도 너무 싼 가격이다. 한 번도 투기꾼들의 손이 타지 않은 순수 자연 땅들이 수두룩하다. 이런 곳에 자연카페, 캠핑장, 전원별장 등 무엇을 해도 무리가 없는 지역이라고 본다.

주변 자연이 깨끗하게 잘 보존되어 있어 어느 순간 변화만 온다면 금싸라기 땅이 된다. 관인 쪽의 빼어난 한탄강이 바라보이는 멋진 관리지역 땅이 평당 10만 원도 안 되는 가격이 수두룩하다. 솔직히 필자의 눈에는 지금 당장이라도 모두 사 모으고 싶은 마음이다.

10년 앞을 내다보고 어딘가에 투자를 생각한다면, 이런 지역에 1억 원만 묻어둔다면 통일까지 바라보지 않더라도 꿈이 현실이 되는 든든한 재산이 되지 않을까.

'위기가 기회를 잡을 수 있는 좋은 때'라고 한다.

이번 코로나19로 인해 경기가 급속도로 냉각되고 있는 지금부터 발품을 팔아, 철저한 입지 분석을 통해 매수자 주도권으로 적은 금액을 투자한다면 본인의 하는 일 또한 날마다 즐거움이 되리라 본다.

산과 들이 평온한 '철원' 투자 유망 포인트

　오래전 철원 고대산 정상에서 내려다 본 철원평야는 한마디로 남자들의 마음을 뺏기에 충분한 땅이었다. 넓은 분지형으로 서울처럼 한탄강이 가로질러 있고, 물이 풍부하고, 산과 들이 평온함을 준다. 그래서 아마 궁예가 이곳에다 도읍을 세우려 그렇게 욕심을 냈나 보다.

　아주 추운 지역 철원하면 38선 군사분계선이 가장 긴 지역이고, 휴전선과 맞닿아 있다. 그리고 철원 오대쌀이 유명하다. 연천이나 철원, 김화, 화천은 아직도 현장을 돌아보면 곳곳이 6 · 25 이후 그 모습이 남아 있어 많은 세월이 정지된 지역이다.

　서울에서 철원까지는 불과 2시간 이내에 어느 곳이든 갈 수 있다.

2023년 완공을 목표로 한창 공사 중인 경원선이 지금은 연천까지 운행되지만 1단계가 철원 월정리까지, 또 한 축은 철원에서 김화를 거쳐 금강산선으로 이어질 예정이다. 앞으로 이 지역은 평화벨트인 접경지역 종합계획으로 본격적인 개발이 예정돼 있다.

남북교류 접경권 초 광역개발, 평화도시 건설 등 철원이 평화도시가 될 것이라고 한다. 통일한국의 중심 역할과 통일경제특구 등 강화~고성 간 통일을 여는 길 조성, DMZ 지역개발 등 셀 수 없이 많다.

철원이 어떤 곳인지 더 자세히 알아보자.

철원은 군사분계선이 제일 많이 걸쳐 있는 지역이고, 접경지역 좋은 땅이 가장 많은 지역이기도 하다. 땅 투기 또한 한 번도 일어나지 않았던 곳이고 돈 될 만한 땅이 널려있다. 게다가 가격 또한 완전 싸다.

지난해 여름에 지인이 사둔 땅을 보러 갔는데 평당 8만 원 준 땅이 얼마나 좋은지 땅 주변 계곡에는 아직도 물고기가 많았다. 그만큼 오염되지 않은 자연 그대로의 땅이 많다. 접경지 가까운 이길리, 강산리, 근북면, 근동면 등 어디를 가든 탐나는 땅들이 널려있다.

철원군 김화읍은 인구가 아주 적은 읍 소재지다. 이 지역은 광복 직후 소련군정관할지역으로 한국전쟁 때 최대 격전지였다. 그래서 아직도 그 흔적들이 많이 남아 있는데, 필자의 눈에는 이 지역이야말로 눈크게 뜨고 다시 봐야 할 숨은 보물 땅이 있다고 보는 지역 중의 한 곳이다.

국도 56호선이 철원~화천~춘천~홍천~양양으로 이어지는 일반 국도다.

남북이 어느 정도 물고가 트이고 접경지역 개발 이슈가 생기면 철원 땅이 본격적으로 움직일 것이다. 지금 땅 시세는, 농지는 너무 싸고 심지어 도로변 근린생활시설 예정지 땅들도 평당 10만 원 대이다. 웬만한 관리지역 땅들도 형편없는 가격이다. 수도권 인근에서 이렇게 싼 땅을 찾기란 어렵다.

앞으로 이 지역도 긴 잠에서 깨어날 때가 되어 간다. 좀 더 긴 안목을 보고 이런 곳에 소액으로 황금 씨앗을 뿌려두면 노후가 든든하고 자식들이 좋아할 것으로 보인다.

미래의 수도권 '화천' 투자 유망 포인트

강원도 화천은 경기도에 속해 있는 듯한 가까운 지역으로 느껴진다.
실제 필자가 살고 있는 일산에서 화천까지는 불과 1시간 30분에서
2시간 내에 갈 수 있는 거리다. 이렇게 가까운 지역인데도 대부분 사
람들은 최전방이요 먼 강원도 오지로만 알고 있는 사람들이 많다.

앞으로 용산에서 춘천~속초까지 연결되는 동서고속화철도가 화천
을 통과하면서 신설 화천역이 생긴다. 이렇게 되면 화천은 실제 수도
권으로 봐야 한다. 벌써 간동면 간척리 일대에 신설 화천역 예정지에
100만 평 뉴라이프시티 조성계획이 준비 중이다.

화천 산천어 축제에 매년 100만 명이 넘는 인파가 찾아오고, 살아

있는 자연과 맑은 물이 일품인 이 지역은 현재 땅값을 따질 수 없을 정도로 저평가 되어 있지만, 미래 가치는 무궁무진한 아주 매력적인 지역이다.

화천군은 대부분 지역이 수복지역으로 군사보호구역 등 개발제한 지역이 많다. 아직도 심리적인 불안감 때문에 외지인 투기가 일어나지 않은, 그야말로 손을 타지 않은 옛 모습 그대로 있는 지역이다. 화악산을 비롯하여 높은 산들이 많고 농지가 그렇게 많지 않다.

대신, 멋진 계곡이 많은데 곡운구곡은 사내면 용담리에 있다. 이곳은 계곡이 정말아름다워 관광객들의 눈길을 사로잡는다.

수많은 이야기를 안고 있는 화천은 수수께끼 같은 미지의 지역이다. 언젠가 별장용지 등으로 한바탕 거세게 땅 바람이 불어 닥치리라 본다.

통일의 염원을 품은 '고성' 투자 유망 포인트

2010년 이후 고성군에는 전원주택이 무수히 많이 들어섰다.

경치가 좋은 곳에는 으레 전원주택단지가 자리 잡고 있다. 이유는 인근 속초보다 땅값이 싼 이유겠지만 서울 사람과 속초 · 강릉 사람들이 이곳에 전원주택을 많이 선호했다고 본다. 지금은 토성면, 봉포, 아야진 등 바닷가엔 지가가 너무 비싸서 엄두를 낼 수 없다.

필자가 추천하는 지역은 화진포 위쪽 대진과 명파까지. 바다와 자연환경이 끝내주지만 금강산 관광길이 막힌 이후 모든 것이 엉망이다. 앞으로 그렇게 오래지 않아 큰 변화가 이 지역에 생길 것이다.

역발상 투자를 생각한다면 앞으로 이 지역에 소액으로 묻어두고 시간이 가면서 좋은 결과가 있으리라 본다.

여기서 함명준 고성군수로부터 앞으로의 계획을 들어보자.

우리나라 최북단에 자리한 강원도 고성군은 통일의 염원을 품은 기회의 땅이다.

지난 2003년 고성을 통한 금강산 육로관광이 처음 열렸고, 통일전망대와 김일성별장 등은 우리나라 안보관광을 담당한다. 동해북부선 강릉~제진 구간도 53년 만에 복원될 기회를 맞으며 고성은 통일로 향하는 최일선에 서 있다. 그러나 이 같은 호재에도 지역경제는 침체의 늪을 벗어나지 못하고 있다. 지난 2008년 관광객 박왕자 씨가 북한 군인이 쏜 총에 맞아 숨지면서 주 수입원인 금강산 관광이 중단됐기 때문이다.

금강산 육로관광 중단 12년째. 경제적인 손실이 4,200억 원, 월 평균 35억 원에 달한다. 관내에 그동안 폐업하거나 휴업 업소가 414개로 상권이 마비되었다.

지난 4월 남북교류협력추진협의회에서 강릉~제진 간 철도연결사업을 남북협력사업으로 인정하면서 강릉~제진 구간이 53년 만에 복원 기회를 맞게 됐다. 남강릉역부터 제진역까지 총 110km 구간이 단

선전철로 복원된다. 앞으로 고성군은 시베리아를 넘어 유럽으로 대한민국 물류를 실어 나르는 교두보가 될 것이다. 또, 복합화물터미널 등을 갖춘 36만 m^2 규모의 북방 물류기지를 구축할 계획이다.

제4장

나의 창업 & 투자시대

성공과 실패

모든 것을 직접 체험하고 느끼는 것보다 좋은 공부는 없다. 그러나 모든 것을 직접 경험하기엔 시간도 돈도 부족하다. 게다가 제대로 알지 못하고 무작정 뛰어드는 것은 기름통을 짊어지고 불 속으로 뛰어드는 것과 다를 바 없다. 그만큼 리스크가 크다는 말이다.

어두운 밤길 같은 창업과 투자의 세계에서 성공하려면 최대한 리스크를 줄이는 방법을 연구해야 하고, 그러기 위해서는 많은 공부가 필요하다. 누군가의 성공과 실패의 경험담을 듣는 일은 그 공부의 좋은 첫 시작이 될 것이다. 필자의 이야기가 그런 의미에서 유용할 자양분이 되리라 생각한다.

한바탕 큰 부자를 꿈꾸는 예비사장이라면 천하제일의 전략가 한신

(韓信)의 앞날을 내다본 괴철(蒯徹)의 괴짜 같은 안목을 키워야 한다.

물론 성공과 실패담을 통해 투자 노하우의 진액을 흡수하고 자신의 무기로 만드는 일은 본인 스스로 할 일이다. 밥상은 차려놨지만 떠먹여주기까지 할 수는 없는 일이다.

· 나는 누구인가?

오늘도 필자는 아침 산책을 즐긴 후 매일 밥을 먹듯 40년째 헬스로 하루를 시작한다.

필자를 한 마디로 정의하자면 '호기심 천국'이다. 필자 스스로가 연구대상인 사람이다. 잠들기 전 내일이 궁금한 사람이고, 생각만 해도 가슴 뛰는 상상을 즐긴다. 필자는 또 다른 도전을 즐기고 재미있는 부의 지름길 연구에 몰입한다. 필자에게는 아직 미친 아이디어가 많이 있고 기회가 되면 그 일을 할 것이다. 지금은 투자 연구에 집중하고 있다.

필자는 눈앞의 이익을 좇지 않고 한 번 선택한 일에 대해 뒤돌아보지 않는다. 어느 날 갑자기 필자 인생이 이렇게 끝날 것이 아니기 때문이다. 지난 7년간 전국에 있는 '대박 가게' 탐방과 '베트남 집중연구', '좋은 땅 찾아 삼만 리'를 하면서 지냈다. 그 시간들이 필자에게는 꿀맛같이 달달한 휴식의 시간이었다. 그렇게 멋지게 놀아도 보았으니 이제 더 높은 곳으로 부활할 때다.

정답 없는 인생길, 필자는 그 살아가는 방법을 세상 누구보다도 잘 안다고 생각한다. 사람 한 명 없는 허허벌판 산골에서도 장사를 잘 할 수 있다고 자신하고, 천하제일 보물 땅을 찾아다닌다. 필자의 성장 동력은 뜨거운 열정, 그리고 수많은 경험이다. 그래서 필자는 웃는다. 바보들, 이 무지렁이도 잘 사는데 왜 저렇게 돈 버는 방법을 모를까?

필자는 주식 투자 경험도 많고, 땅을 보는 눈이 밝다. 즉, 무엇이든 흥정을 시원시원하게 처리할 줄 안다. 틈나는 대로 필자가 그리는 상상 속 땅을 찾아 지도 공부를 하고 전국의 여러 지역을 답사한다. 이런 필자에게도 사업에서 실패를 맛봤던 시절이 있었다. 지금부터 그 시절의 이야기를 해볼까 한다. 무엇이 성공을 만들고, 무엇이 실패를 만드는지 여러분에게 좋은 본보기가 되길 바란다.

나의 장사 도전기

필자가 책을 쓰는 것도 사건이요, 도전이다. 필자의 신념은 '사람은 무엇이든 할 수 있다.'라는 것이다. 필자는 장담한다. 창업 후 1년 내에 무조건 많은 손님을 줄 세울 수 있다고. 이렇게 얘기하면 의심의 눈초리를 보이는 사람들이 있다. 필자가 한 사업 중에 실패한 것도 많기 때문이다. 그러나 실패가 그냥 실패가 아니다. 그런 실패의 경험을 통해 필자는 성공과 실패의 법칙을 배웠다. 그래서 지금의 필자는 안다. 가게가 왜 잘되고, 왜 안 되는지. 간판의 글자만 보고도, 또한 메뉴판과 경영주의 얼굴만 봐도 현재 그 가게의 사정이 한눈에 보인다. 돈이 되는 땅도 안다. 수도권과 지방 어느 곳이라도 지역과 땅 입지만 보고도 금방 답을 낼 수 있다.

돈벌이 출발, 창업을 하는 데 있어서 돈이 전부는 아니라는 사실이다. 중요한 것은 하고자 할 때의 타이밍과 혁명적인 전략, 그리고 아이디어 싸움이다. 가진 건 건강한 몸과 목숨 걸고라도 꼭 성공해야 한다는 정신무장이 중요하다. 사실 처음 창업 도전은 누구나 불안하고 어렵다. 하지만 위험하고 불안하다고 실행하지 않는다면 아무것도 얻지 못하게 되고, 아무리 세월이 가도 똑같은 삶에서 벗어나지 못한 채 멈추게 된다. 사람은 실패를 한 만큼 성공도 한다. 실패를 두려워하면 아무것도 할 수 없다.

첫 창업, 성공과 실패의 여정

예측할 수 없는 여정 속 필자의 이야기를 풀어놓을까 한다. 필자의 어린 시절은 학교 가는 날보다 산에 가서 나무 해오는 날이 더 많았던 것 같다. 어려운 형편에 제대로 배우지도 못한 필자는 17세에 무작정 서울로 상경했다. 필자가 처음 본 서울은 잠실 일대가 모래언덕 동산으로 이루어져 있고, 방배동과 사당동 등은 밭이 많은 산동네였다. 자양동 일대는 논바닥이고 여의도도 작은 모래섬이었다.

당시 갈 곳도 없고 돈도 한 푼 없었던 필자는 사당동에 있는 주유소에 첫 취직을 했다. 거기서 주는 쌀밥이 어찌나 맛있던지. 그 후 중국집, 여관, 섬유공장, 한의원, 양복점, 횟집, 야식집 등에서 일하고, 나중에는 도배 일을 배우면서 근면과 성실, 부지런함을 인정받았다. 그 당시 우이동, 수유리, 장위동 등 서울 시내 어디든 자전거를 타고 다

니며 열심히 노력했다.

　그리고 필자 나이 21세에 방 임대 보증금과 그간 번 돈 90만 원을 탈탈 털어 성동구 자양동에 지물포를 열었다. 나의 첫 창업이었다. 5평 정도의 가게와 방, 그곳에서 직접 견적을 산출하고 시공, 판매까지 해서 작지만 나름 알찬 성공을 맛보았다. 첫 창업의 성공을 발판 삼아 2년여 만에 건너편 구의동으로 지물포를 확장 이전하면서 본격적으로 장사꾼의 길로 접어들었다. 이 시기에 필자는 매일매일 열정으로 기득했고 무섭게 일했다. 일이 끝난 밤에는 마라톤 연습을 하며 체력을 다졌고, 다음 날 아침에는 아차산에 올라 운동을 히며 활기찬 하루를 시작했다.

세월이 흐르고 27세가 되던 해, 구의시장 앞에 3번째 지물포를 창업하고 결혼도 했다. 그런데 그렇게 승승장구 하던 중 잠시 옆길로 빠져 성수동에 있는 당구장 하나를 인수하게 되었다. 지물포를 판 돈과 그간 번 돈 1,200만 원을 모두 투자했다. 사실 그 돈으로 구의동에 2층 주택을 살까도 생각했다. 대지가 50평 정도로 당시 시세로 2,400만 원 정도였다. 세를 놓고 빚을 좀 내면 충분히 구입이 가능했다. 그러나 결국 필자는 당구장을 선택했고, 그때의 잘못된 결정으로 마음 고생, 몸 고생이 이만저만이 아니었다. 무엇보다 당구장 사업은 밤 장사, 주말 장사라 필자의 체질에 맞지가 않았다. 필자는 아침형 인간이라 일찍 자고 일찍 일어나 낮 동안 열심히 일하는 것이 맞는데 그게 안 되니까 힘들었다. 당시 성수동은 공장지대라 낮에는 손님이 거의 없고 밤과 주말에만 손님이 몰렸다. 토요일에는 밤샘을 하기도 했는데 새벽에 깜빡 졸기라도 하면 당구를 치던 손님이 돈 안내고 도망가는 경우도 있었다. 종종 싸움도 벌어졌는데, 완력이 없는 필자로서는 그런 상황을 도저히 감당할 수가 없었다. 결국 얼마 못 가 당구장을 헐값에 매도하게 되었다.

필자는 지금도 창업을 준비하는 사람들에게 본인의 건강 상태와 적성이 어떤지 물어본다. 사업 성공에 매우 중요한 요소이기 때문이다. 이밖에 가족의 협조는 물론이고 자택과의 거리도 무시할 수 없는 요소다. 또한 하고자 하는 사업의 아이템과 자신의 나이가 잘 맞는지도 봐야 한다. 당구장 사업을 시작할 때 필자는 이러한 요소들을 모두 무시했고 그것이 실패의 요인이었다.

• 모르고 무작정 뛰어든 사업, 실패의 쓴맛을 보다

당구장을 접을 무렵, 지인들에게서 방배동과 서초동에 고급주택이 많이 들어서서 지물 장사가 잘된다는 얘기를 들었다. 그중에서도 고향 선배가 하는 가게가 엄청 잘된다는 말을 듣고 '그래, 내가 상대해 주마.' 하는 생각이 들었다.

그리하여 방배동 방림시장 앞에 가게를 얻어 다시 지물포 창업을 하게 되었다. 가게를 얻고 준비를 할 때에는 자신감이 하늘을 찔렀다. 도배 기술도 절정기에 있고 장사 수완도 뛰어났다. 오토바이를 타고 다녀서 기동력도 좋은 상태였다. 그런데 막상 뚜껑을 열어보니 필자의 예상과는 달랐다. 마주 보고 있는 선배의 가게는 오랫동안 단골로 다져져 있어서 늘 손님이 와글와글했다. 반면에 필자의 가게는 파리만 날렸다. 필자는 엄청난 스트레스를 받았고 의욕도 점점 떨어졌다. 필자가 장사의 생리를 너무 몰랐고, 또 무시한 결과였다.

그렇게 방배동 지물포 가게를 창업하고 2년도 안 된 어느 겨울, 대구 성당주공 앞길을 지나다가 홀로 있는 신축상가 하나를 발견했다. 위쪽은 수많은 아파트 단지가 들어서 있고 길 건너에는 작은 종합시장이 있었다. 보자마자 마음이 끌렸다.

'그래, 이 정도면 제대로 한 번 해볼 수 있겠어.'

급한 마음에 바로 계약을 해두고 서울로 돌아와 가게를 급하게 처분하고 방을 빼서 다시 대구로 내려갔다. 그렇게 '반달종합장식'이라는 간판을 건 것이 1985년 초였다. 가게와 방까지 40평으로 꽤 큰 가게 수준이었다. 그런데 막상 지방에서 장사를 해보니 서울 강남에서 장사를 할 때와 수준 차이가 났다. 솔직히 말해 먹을 것이 하나도 없다는 생각이 들었다. 그래서 매일 바둑으로 소일했다. 1년쯤 지나자 '그래, 이건 아니야. 하루 빨리 서울로 다시 올라가 큰 장사를 해야지.' 하는 생각이 들었다. 여기에 계속 머무르는 건 세월 낭비라는 생각이 들었다.

　그렇게 1년 만에 대구 가게를 팔아치우고 서울 석계역 인근에 싸구려 월세 방을 얻어 입주했다. 가게를 판 돈은 창업자금으로 은행에 넣어두었다. 그러다 이발관을 하는 친구를 만나 수시로 태릉 배 밭으로 놀러가서 식사를 하고 바둑을 두며 놀았다. 그런데 그 친구가 필자가 창업자금으로 은행에 맡겨둔 돈을 잠시만 빌려달라고 해서 이발관을 담보로 잡고 돈을 빌려주었다. 그것이 큰 패착이었다. 결국 돈을 몽땅 다 날려버렸다. 설상가상으로 담보로 잡은 이발관은 퇴폐영업에 걸려 영업이 취소된 상태였다. 어쩔 수 없이 필자가 잠시 이발관을 맡아 불법으로 영업을 했다. 그러다 곧 겁이 나서 가게를 접고 200만 원 정도만 겨우 건졌다. 대구에서 필자가 판 가게 자리가 현재 최고 요지로 변해있는 걸 보면 두고두고 아쉽다.

　이후 남은 돈으로 태릉 묵동시장에서 과일 가게를 창업했다. 그러나 궁여지책으로 연 가게라 애착이 가지 않았다. 그래서 매일 바둑이나 두면서 시간을 보내다가 결국 6개월 만에 가게를 처분했다.

　사업이라는 게 참 이상하다. 잘 안다고 생각하는 순간 자만심에 빠져 판단이 흐려지기도 하고 잘 모르고 겁 없이 뛰어들면 여지없이 실패의 순간을 맛보게 된다. 알아도 탈, 몰라도 탈인 게 사업이다. 그러니 쉽지 않다. 매순간 자신이 알거나 모르는 것이 독이 되지는 않을지 생각하고 움직여야 하니까 말이다.

부동산 투자에 눈을 뜨다

과일 가게를 접은 후 쌍문역 인근에다 커튼 가게를 창업했다. 그나마 아는 분야라 수익을 내면서 다시 한 번 심기일전할 수 있었다. 그러던 중 뜻하지 않은 기회가 찾아왔다. 커튼 가게를 시작한 지 약 4개월 정도 지냈을 무렵, 손님 한 사람이 자기가 광명시에서 커튼 가게를 한다면서 명함을 주고 갔다. 쉬는 날 그 사람 가게를 구경삼아 찾게 되었는데, 철산리 아파트 숲을 지나는 순간 필자가 찾던 곳이 바로 여기라는 생각이 들었다. 그런 생각이 들자 어찌나 흥분이 되던지.

그날부로 그 당시 광명시 최고의 입지인 철산 주공13단지 상가 가게 하나를 계약했다. 몇 번 사업을 망해먹고 이제 겨우 커튼 가게가 자리를 잡던 터라 당장 수중에 돈이 없었다. 그래도 계약은 해야겠기에 부동산 점포 안쪽의 2평을 더부살이로 임대했다. 그리고 즉시 쌍

문동 가게 보증금을 뽑아 철산리로 방 1칸을 얻어 이사를 했다. 그렇게 작은 가게에서 지물커튼 샘플만 걸고 장사를 시작했다.

1차로 간단한 홍보물을 만들어 주변 부동산에 쫙 뿌리고 신축 주택 등에 집중 마케팅을 했다. 그 결과 안 놀고 나 혼자 할 수 있을 정도의 일감이 들어왔고 열심히 일하니 하루 6~8만 원 정도의 수익이 났다.

1987년 초까지는 부동산 시장이 아주 힘든 시기였는데, 그해 여름 경부터 '아파트 붐'이 슬슬 일어나기 시작했다. 필자가 있던 부동산 가게도 하루 종일 손님으로 가득했다. 필자는 하루 종일 힘들게 도배 일을 하고 6~8만 원을 벌어오는데 부동산 선배들은 "차 사장, 우리 오늘 하루 200만 원 벌었네." 하고 자랑을 하는 것이다. 이런 날들이 매일매일 이어지니 어느 순간 필자 자신이 작아 보이고 일할 맛이 하나도 나지 않았다. 이건 아니다 싶었다.

필자도 부동산 일을 할 수 있을 것 같았다. 그래서 지방에 있는 누나에게 200만 원을 빌려 '떴다방'(이동부동산)을 시작했다. 당시에 하던 지물커튼과 구로아파트 입주 칠 장사 등은 모두 뒷전에 두고 '떴다방' 사업에 매진했다. 그때도 아파트 3순위 제도가 있어서 한 사람이 50~100만 원씩 여러 채 신청해서 당첨되면 그 자리에서 많게는 500만 원까지 프리미엄을 받고 팔아치웠다. 아파트 분양하는 곳은 어디라도 쫓아다니며 치고 빠졌다. 여기에 재개발, 재건축, 임대아파트까지 종횡무진 찍어 돌리는 방식으로 하여 1년 몇 개월 만에 아파트 여러 채를 확보했다.

부동산 투자의 맛을 본 필자는 본업인 지물 사업은 안중에도 없고 오로지 부동산에만 관심을 집중했다. 그렇게 그 일에 미쳐 다니던 중, 부동산 선배들이 "차 사장, 그렇게 하지 말고 이제 땅이 잘 돌아가니 우리 함께 지방 땅에 공동 투자해 제대로 한판 하자."고 하여 보유 아파트 일부를 처분하고 돈을 만들어 땅 매입에 뛰어들었다. 1차로 전주시내 땅을 사서 조금 수익을 남기고, 2차로 용인 쪽 땅을 사서 재미를 본 후, 간이 커져 지방 큰 임야에 몽땅 털어 넣고 한 방으로 인생

팔자를 바꾸어 보려했다. 뒷돈도 없이 너무 큰 금액의 땅을 계약해 두고, 주변 말만 듣고 미등기전매하려 했는데, 때마침 정부의 부동산 투기 대책이 나오면서 모든 부동산 거래가 올 스톱되었다.

잔금이 전혀 준비가 안 된 상태였는데 매수한 땅을 팔지 못하니 꼼짝없이 그 부담을 다 떠안게 되었다. 여기에다 몇 개월 지나 2차 부동산 투기 대책이 나와 모든 부동산 거래가 올 스톱되었다. 중도금, 잔금 준비도 전혀 안 된 상태였는데 매수한 땅을 팔지 못하니 꼼짝없이 그 부담을 다 떠안게 되었다. 여기에다 몇 개월 지나 2차 부동산 투기 대책까지 나오는 바람에 약 2년간 부동산으로 쌓아올린 모든 것들이 연쇄적으로 허공으로 날아가 버렸다. 사실 필자는 짧은 기간에 부동산 투자의 단맛을 보면서 평생 먹고 살 것을 한 방에 다 벌고 말겠다고 생각했었다. 그러나 그런 한 방이 그리 호락호락하게 터져주지는 않았다. 다만 필자 같은 보통 사람이 이 나라에서 부자가 되는 방법은 부동산밖에 없다는 것을 깨닫게 되었다. 어쨌든 그러한 사실을 알게 되었다는 것은 필자에게 큰 플러스였다.

그 이후 지물 가게 등을 모두 정리하고 잠시 백수 생활을 했다. 허탈한 마음을 달래며 땅 투자 관련 서적을 모조리 다 사 보고 경제 관련 신문, 지방지까지 전부 구독하여 집중적으로 공부했다. 그때 신문

정보 등에서 눈에 띄는 것들은 모두 노트에 기록하고 스크랩하여 파일에 모아두었는데 그 수가 100개가 넘었다. 지금도 그 일부인 수십 권은 집에 보관하고 있다. 그리고 필자가 내린 답은 대한민국에서는 땅을 가진 사람이 부자라는 것이다. 살아가면서 무조건 땅을 확보하는 것이 부자로 사는 길이다.

• 위대한 발걸음의 시작, 도배학원을 열다

1989~1990년에 5대 신도시인 분당, 일산, 평촌, 산본, 중동 분양이 한창 시작되어 필자도 당연히 동참했다. 그간 공부를 많이 해둔 덕에 평촌시범단지에 1채, 철산리에 1채를 받아 계약금만 어렵게 준비해 걸어두었다. 그리고 이제 무엇을 해야 하나 고민하던 중 시골 산행길에 스치는 생각 하나가 있었다. 그 많은 아파트를 한꺼번에 지으면 내부 도배공사가 엄청 많을 텐데 누가 그 공사를 다 하나? 지물포를 다시 하는 거보다 도배학원을 창업하여 기술자도 배출하고 원장 소리도 한 번 들어보자 싶었다. 필자의 엉뚱한 생각이 거기까지 이르니 얼마나 흥분되고 설레던지. 그게 1989년 가을이었다.

그런데 막상 어떻게 학원을 차리고 교육은 어떤 식으로 할지 막막했다. 마땅한 교재도 없고 당장 학원 차릴 돈도 없고. 그 당시 국내에는 도배학원이라는 것이 아예 없었다. 그러니 학생은 어떻게 모집할지도 참 난감한 상황이었다. 그래도 포기하지 않고 3개월을 고민하고 연구한 끝에 그간 도배사로 일하고 지물 사업을 하면서 쌓은 경험을 살려 견적 내는 방식부터 바닥재 등 재료구입과 평수 내는 방식까지 도배하는 방법을 순서대로 나열해 지물포 창업 전반에 걸친 나름의 임시 교재를 만들고, 교육 순서를 하나하나 모두 정리했다.

학원 차릴 돈은 필자가 가진 400만 원과 누나한테 빌린 돈 400만 원을 합해 총 800만 원을 준비했다. 그러나 그것만으로는 턱없이 부족했다. 그때나 지금이나 필자는 지도 공부를 많이 하는 편인데, 서울 시내 지도를 자세히 보니 전철 2호선 라인이 사람 왕래가 제일 많았다. 일단 학원 입지는 2호선 역 근처로 하기로 했다. 그중에서도 제일 인기 없는 역 주변의 싼 임대상가를 얻어야 필자의 돈으로 맞출 듯하여 매일 2호선 전철을 타고 다니며 창 너머로 빈 상가를 찾았다.

그러던 중 대림역 바로 옆 아파트 단지 내 상가가 비어있는 것 같아 현장 답사를 해보니 상가 2층 전체가 130평정도 되는데 점포수가 약 30개. 그중 3개만 어쩔 수 없이 장사 중이고, 나머지는 오래 전에 문

"전문 도배사 배출의 산실"

관인 소리도배학원 차길제 원장

"도배는 건축을 마무리 짓는 최종단계로서 '실내공간을 아름답게 꾸미는 작업'이라고 말할 수 있다. 즉 어떤 특정공간을 사용하고자 하는 용도에 따라 그 쓰임새에 알맞는 분위기를 창출하는 '공간예술'인 것이다.

따라서 도배의 중요성은 매우 높다. 아무리 건축이 훌륭하고 실내 인테리어시설이 완벽하다 하더라도 분위기에 맞지 않는 벽의 색깔이나 장판에 의해 전체적인 이미지가 손상될 가능성이 높기 때문이다.

실제로 주위의 실내공간을 눈여겨 살펴보면 도배나 장판이 차지하는 비중이 얼마나 큰가를 쉽게 느낄 수 있을 것이다. 완벽한 도배나 장판은 잘 붙이고 잘 자르는 단순작업에서 그치지 않고 이미 배치된, 또 배치될 실내 구조물과의 상관관계까지를 면밀히 분석하여 조화를 이루는 무니나 색을 선택하는 일련의 행위에 대한 총합을 말한다.

이처럼 중요한 역할을 가진 도배를 제대로 배우기 위해서는 충분한 교육시설과 경험이 많은 강사진을 갖춘 학원에서 교육받아야 한다. 그런 점에서 이론과 실기를 병행하면서 현장학습을 거듭하는 우리 학원이 가장 적격이라고 생각한다."

이는 국내 최초의 도배학원인 소리도배기술학원(Tel. 846-0429 · 851-4528, 대림전철역 부근)을 열었던 차길제(36) 원장이 도배의 역할과 학원선택의 중요성을 강조한 내용이다.

차씨는 ▲때끄러운 기술습득 ▲깨끗한 매니 ▲전화하고 적극적인 의욕 ▲발끝한 뒷처리 ▲동문간의 정보교류와 유대강화 ▲기술자로서의 자부심 고취 ▲성인의 재사회화 기술습득 등을 주요 교육지점으로 정하며 철저한 현장위주의 교육을 시키는 사람으로 알려져 있다.

국내 도배사 배출의 산역사이기도 한 차씨로부터 도배에 관한 선반적인 문제와 교육방법, 도배의 전망, 앞으로의 계획, 개인 프로필 등을 들어본다.

도배인력 확보하려 학원 열어

─도배학원을 열게된 동기, 학원의 규모와 강사진, 수강료, 교육기간, 남녀비율 및 연령층, 배출인원은?

"외부아성에 도배업에 뛰어든 것이 아니라 수년간의 지물포 경험(대양지물포: 구로동→명성지물포: 방배동→반달종합유상: 대구 성당동→왕양지물포: 현산리)을 통해 사회의 수요에 대응할 도배인력을 즉시단소에 공급할 교육기관이 필요하다고 생각되어 90년 4월 10일 학원을 열었다.

입학이 지물포를 하고 있어 이미 중학교 3학년 때 도배기술을 마칠 정도로 도배와 가까운 주의의 분위기도 영향을 주었다.

실습평수는 35평이고 나와 조경조선생이 주로 교육을 맡고 있다. 교육기간은 성수기(봄 · 가을)와 비수기(여름 · 겨울)에 따라 약간의 차이가 있으나 3주를 원칙으로 하며 수강료는 20만원이다.

남녀의 비율은 7:3 정도를 유지하며 수강생의 나이는 20대부터 50대에까지 걸쳐 매우 다양하다. 60세 이상의 분들은 무료로 교육한다. 현재까지의 배출인원은 약 1천여명이며 19기까지 교육을 이수했다."

─교육과정, 기술습득이 늦은 수강생에 대한 배려, 수강신청 방법과 준비물, 교육시간과 방법은?

"교육은 오전반(10:00~13:00)과 오후반(14:00~15:00)으로 나누어 실시하는데 수강시간은 개인의 사정에 따라 조정이 자유롭다. 교육은 주로 실기(2시간 30분)에 초점하는데 이론(30분)도 소홀히 하지는 않는다.

수강생들이 늦은 수강생은 교육기간인 3주도 배출하지 않고 제로과 시켜내 수강료도 더 받지 않는다. 수강을 원하는 분은 주민등록등본과 신발 그리고 증명사진 1장만 준비하면 당일로 도배 배울 수 있다.

최고의 소득 보장되는 유망직업

─취업율, 취업시와 개업시의 수입, 국가자격시험의 문제점, 도배학원의 현황, 도배인의 긍지에 대한 자세는?

"취업율은 이미 완성되다가 아니다. 수." 이하 기사 이어짐 ─

국내 최초 전문도배학원 설립, 철저한 반복학습과 배출생 유대강화로 「도배사관학교」 역할… 공급과잉 자제 필요, 수입증대와 권익향상에 주력할 터

3주 교육후 즉시 취업, 월수 150만 거뜬, 남녀노소 구별없는 인기직종

부상… 제일 도배인력사업부에선 도배사의 유통구조 바로잡기에 노력

양하다. 60세 이상의 문제는 무료로 교육한다. 현재까지의 배출인원은 약 1천여명이며 19기까지 교육을 이수했다."

(오른쪽 컬럼)

담이 없어 일감을 골라서 해야할 정도이기 때문이다. 취업시의 수입은 최저 70~80만원선이며 2개월후에는 100만원을 상회한다. 그러나 대부분이 월급제가 아닌 도급제를 택하는 관계로 일당 8만원, 월평균 150~200만원의 이른다. 개업시에는 업주의 근면성과 능력에 따라 천차만별이다.

국가자격시험은 유망부실한 제도가 되고 말았다. 누가 자격증을 따려고 하지도 않고 자격을 따도 혜택이 없다. 실제로 동일어 전자격을 출제하고 특집교육기관의 편의에 의해 생각하고 기분으로, 분기수에 한가 해택 실시되는 자격시험은 이론과 실기로 나뉘는데 이론의 경우 도배는 2~3문항에 불과하고 건축분편 조항 일색이다. 실기는 1평 정도의 방에 도배 · 장판을 4시간에 걸친 많은 도배인이 불합리한 유통구조 때문에 일한 만큼의 소득을 얻지 못하는 불합리를 해소하려고 발족시킨 「도배사 공급은행」이다. 현재 약 350명의 회원이 가입해 있다."

소리 도배학원인 院名의 뜻, 학원의 특색, 보람과 아쉬움, 제일도배인력사업부에 대한 소개, 도배를 배운 후의 고비가 오는 시기는?

"처음엔 도배학원에 대한 인가조례가 없어 제일인테리어 기술교육원이라고 했다가 '명성을 얻자'는 외침에서 소리라는 이름을 붙였다. 학원의 특색은 손쉽게 기술습득이 가능하고 배출생끼리의 긴밀한 유대관계가 형성돼 국내 도배업의의 「사관학교」라고 부를 수 있다는 점이다.

보람은 사업에 실패한 분들이 교육이수 후 재기하거나 실업자가 사회의 일원으로 복귀할 때이며 아쉬움은 배출후 1달만에 찾아오는 어려움을 이기지 못하고 도중하차 했을 때이다. 1달의 고비만 넘기면 부업수준이 아닌 전문직의 대우를 받을 수 있다.

제일도배인력사업부(Tel. 841-4568)는

저 관성시키는 것이다. 이는 YWCA 부녀복지관에서 직업교육을 이수한 분들이 주로 응시할 때 도배인들에게는 공감을 얻지 못하고 있다.

도배학원은 수도권에 7~8개가 있으며 전국적으로 30~40개가 된다. 두어가들을 포함한 많은 학원 대부분이 우리 학원 출신자가 운영하고 있다. 각 학원이 유발해야 할 것은 배출인원이 과잉공급되지 않도록 직정인원을 조절하는 제협가 아쉽다.

도배사는 실내공간을 美的으로 완성한다는 자부심을 갖고 뒷마무리를 말끔하게 하는 정성을 가져야 한다.

「도배사 공급은행」도 설립, 운영

─도배사의 전망, 앞으로의 계획, 출연됐던 TV와 개재된 신문, 기억에 남는 배출생, 개인 프로필은?

"건축물이 지속되고 생활공간을 상쾌하게 꾸미려는 추세상 전망이 매우 밝으나 일정 시점이 되면 도배사의 증가를 자제시켜야 한다. 도배사의 권익향상과 수익증대를 위해 도배사용 회사를 결성화시킬 생각이다.

KBS-TV 전국은 지금(부엌코너), KBS-라디오 사회교육방송, 일간스포츠에 출연됐거나 개재되었다. 기억에 남는 배출생은 유기동(오산), 김오기(안산) 씨 등이다.

개인 프로필은 ▲가족, 고향, 키, 몸무게, 혈액형: 처(홍태선, 35)와 2남, 경남 의령, 170cm, 63kg, AB형 ▲별명, 애창곡, 종교, 가까운 친구, 기호식, 본관: 벨일(키가 빨리 자라), 흙, 없음, 차경제, 나물밥, 연안 차씨 ▲부모님, 취미, 특기, 성격, 장단점, 술수 · 흡연량, 가훈: 차상윤(66), 실탈날(65), 현태크 정보수집, 아이넌의 종이(명령 퍼들이), 쾌활, 자신감과 지나친 신중함, 소주 반병 · 담배율, 중단하는 자는 승리하지 못한다 · 끝없는 자기개발 등이다."

(조미숙 기자)

을 닫은 상태였다. 수소문 끝에 상가번영회 회장 겸 상가지분을 제일 많이 가진 사람을 만나 그 사람에게 말씀드렸다.

"이 상가 전체를 내가 살려드릴 테니 저에게 1,000만 원에 2년만 임대해주세요."

오랫동안 전기, 수도, 기본 관리비 등이 많이 밀려있는 상태라 그 사람 입장에서도 손해 보는 건 아니었다. 그렇게 2층 전체를 보증금 1,000만 원, 월세 180만 원에 임대 계약했다. 여기서 절반인 65평을 컴퓨터 학원에 재임대하니 필자로서는 보증금 500만 원, 월세 80만 원에 65평을 임대한 결과가 되었다.

컴퓨터 학원이 쓰고 남은 나머지 공간에 일단 사무실 하나와 수업 할 공간으로 3평씩 칸막이를 쳐서 간이 방을 여러 개 만들고 중앙은 아파트 거실로 꾸몄다. 이렇게 만드는 데 공사비용이 400만 원 들었다. 임대 보증금과 합쳐 총 900만 원에 모든 투자가 끝났다. 가진 돈이 얼마 없었는데 그 돈에 맞춰서 완벽하게 해결이 된 것이다.

엉뚱한 역발상으로 시작하여 첫 발을 내딛는 그 순간 터질 듯한 필자만의 감동과 흥분으로 여러 날 잠 못 들었다. 그 누구에게도 말 못하고 오롯이 혼자 이뤄냈다는 게 큰 행복이었다. 그렇게 하여 1990년 봄에 '제일도배교육원' 간판을 걸고 작은 사이즈의 신문광고를 시작했다. 첫 달에 60명 정도가 수강 신청하여 1인당 월 15만 원을 받으니 1개월 만에 투자 원금을 회수할 수 있었다.

교육은 오전과 오후, 저녁 3회를 했는데, 먼저 벽지 재료를 설명하고 재단, 풀칠, 바르기 등을 교육했다. 그리고 장판지 등의 처리방법과 평수 및 견적 내는 법, 인건비 책정 방식 등의 내용으로 1개월 코스부터 3개월 코스까지 교육 기간별로 커리큘럼을 짰다. 낮에는 학생들과 교육장 바닥에 둘러 앉아 식사도 함께 하며 재미있게 수업을 했

다. 2개월째 개강에 학생이 80명 정도 되었다. 조금씩 늘어나는 수강생들을 보니 나도 힘이 났고 교육장은 언제나 배움의 열기가 가득했다. 그렇게 온전히 몸과 마음을 쏟으며 열정으로 충만했던 그 순간이 지금도 눈에 아른거린다.

그때 필자는 대림역 인근 지하 단칸방에서 살고 있었는데, 주거 환경이 어찌나 열악한지 겨울에 보니 벽 전체가 온통 곰팡이로 뒤덮여 있었다. 왜 그렇게 살았을까? 가진 돈은 얼마 없는데 받아 놓은 아파트 2채 밑으로 계약금이 들어가 있고 학원 창업 시 일부 투자를 하고 나니까 당장 필자가 살 집에 돈 쓸 여력이 없었던 것이다. 그래서 50만 원짜리 지하 방 한 칸에서 필자와 아내, 아이 둘까지 네 식구가 어렵게 살았다. 지금도 아내가 가끔 타박을 한다. 그때 어쩌면 그렇게 후진 방에서 고생을 시켰냐고. 어쩔 수 없는 상황이었지만 그래서 너무 미안하다.

아무튼 그렇게 고생하면서 시작한 학원이 4개월째에 신문에 소개가 되었고 연속해서 〈KBS-TV〉 '무엇이든 물어보세요'라는 프로그램에 나왔다. 방송을 타면서 최초의 도배학원이 전국적으로 알려지게 되었고, 그 바람에 학생들이 너무 많이 와서 기존 시설로는 감당할 수가 없게 되었다. 그래서 대림역 건너 구로동에 원래 학원 2배 크기의

제2교육장을 오픈했다. 제자 몇 명을 강사로 두고, 사무실에 경리까지 채용하면서 꽤 규모 있는 사업장이 되었다.

그때부터 체계적인 교육을 위해 정식 교재를 만들어 학생들에게 배포했다. 기존에 학원에서 가르치던 내용을 교육 순서에 맞춰 기술하고 졸업 후 직접 필드에서 공사를 맡는 요령에서 창업을 할 수 있는 방법까지 자세하게 서술한 교재였다. 그런데 교육생 중에서 그 교재를 가지고 도배학원을 차리는 사람들이 전국에 걸쳐 생겨났다. '아차' 싶었다. 그때까지 교육원으로만 도배학원을 운영하던 필자는 부랴부랴 정식으로 관인을 내고 '관인소리도배학원'을 등록했다.

그 후 대구, 부산 등 여러 분원을 거느린 원조 도배학원으로 2년간 3,000여 명의 도배사를 배출했다. 각종 매스컴도 많이 타고 돈도 많이 벌었다. 그때는 정말 필자의 세상이었다. 부산으로 강의하러 한 번씩 내려가면 '서울 소리도배학원 원장님 직강'이라고 적힌 현수막이 여기 저기 걸려있는 것을 볼 수 있었다. 얼마나 신나고 뿌듯했는지! 그런데 2년 정도 지나니 전국에 도배학원이 너무 많이 생겨서 여기저기서 도배 기술자가 남아돈다는 말들이 많았다. 고민 끝에 과감히 기술자를 양산하는 교육을 그쯤에서 끝내기로 했다.

지나고 나서 생각해보면 필자의 실수가 학원 생명을 단축시켰던 것

도배학원생

같다. 첫 번째 실수는 교재를 만들어 나눠준 것이다. 도배 교육의 핵심을 만천하에 공개함으로써 누구나 쉽게 도배학원을 창업할 수 있는 계기를 필자 스스로 마련해준 셈이다. 두 번째 실수는 방송을 타게 한 것이다. 당장 그 순간에는 학생들이 많이 오니까 좋았지만 결과적으로는 그것이 학원의 수명을 단축시켰다. 세 번째 실수는 원조 학원으로서 제대로 된 교육을 체계적으로 하지 못한 것이다.

도배학원의 문을 닫은 후 도배사의 삶의 질 차원에서 그간 배출한 인력과 기존 도배사를 회원으로 모아 '제일도배인력회사'를 창업했다. 회원 수는 1차로 350명, 2차로 500명 정도를 확보했다. 그렇게 확보한 회원들을 서울 및 수도권에 지물포 기사로도 투입하고 신축 아파트 공사 현장에도 투입했다. 처음 시작은 괜찮아 보였다. 그러나 급하게 배운 기술이라 가는 곳마다 공사 하자로 이어져 머릿골이 아플 지경이었다. 말도 많고 탈도 많았다. 필자에게 돌아오는 것은 항의뿐 남는 게 하나 없는 속빈 강정이었다.

• 인생도 삼한사온, 올라가면 내려오는 것

그런 날이 지속되던 중에 그간 학원사업으로 번 돈 수억 원을 주식 투자로 4개월 만에 몽땅 날려버린 대형사고가 터졌다. 광명시에 있는 모 증권회사에 돈을 맡겨두었는데 담당자가 일인 매매로 필자에게 전화 연락만 해주고는 수도 없이 팔고 사고를 반복하다가 결국 다 날려버린 것이다. 눈 깜짝할 사이에 그 좋았던 학원사업의 모든 것이 일장춘몽으로 끝나고 말았다. 인생도 계속 올라가는 길만 있는 게 아닌가 보다.

2년간 전성기를 누렸던 도배학원도 물거품이 되고 허탈한 마음에 그냥 쉬고 싶은 생각뿐이었다. 그런데 어찌하다 보니 그림 그리는 사람을 만나 산수화 그림 학원을 창업하게 되었다. 머리 식히며 놀기는 참 좋은 사업이었다. 매일 출근해서 조용히 차 마시고, 음악 듣고, 그림 연습도 했다. 하지만 필자에게는 체질적으로 안 맞는 사업이었다. 필자는 호기심이 많아 막 돌아다니며 뭔가 활동적인 일을 해야 하는데 그러질 못하니 좀이 쑤셨다. 결국 얼마 하지 못하고 그림 선생에게 학원을 넘겨주었다.

그러고 나서 소규모의 부업 교육 사업을 시작했지만 이 일 또한 아니다 싶어 3개월 만에 그만두었다. 이어 중고품 판매점을 창업했는데 계속 돈만 들어가고 사람만 '중고 인간'이 되는 것 같아서 몇 개월 못하고 청산했다. 하는 일마다 재미를 못 보니 의욕이 많이 떨어졌다. 그러나 그렇다고 가만히 앉아만 있을 필자가 아니었다. 이제 또 다시 새로운 일을 꾸며야 할 때였다.

이런저런 생각을 하면서 그 누구도 하지 않은 사업이 뭐가 있을까 고민했다. 그리고 두 가지를 구상했다.

하나는 '천막기술학원'이었다. 상가 앞에도 천막이요, 창고와 하우스도 대부분 천막으로 되어 있어 그 수요가 엄청 많다. 그런데 일반인은 잘 모르고 진입 장벽이 높은 분야였다. 일단 필자 스스로 약 2개월간 천막 공부를 하면서 교육을 시킬 사람을 구해봤다. 하지만 마땅한 사람을 찾지 못해 천막기술학원은 일단 보류했다.

두 번째 구상은 '떡 학원'이었다. 당시 낙원 떡이 유명했는데 배우는 시간이 많이 걸리고 배울 만한 곳도 없는 실정이었다. 그러니 배우기만 하면 장사가 어느 정도 보장되는 분야였다. 그때는 집들이할 때도 떡을 돌리고 가게 오픈 때와 사무실 오픈 때도 떡이 필요하던 시절이었다. 그런데 그렇게 떡 학원을 구상하던 중에 필자의 호기심이 또다시 엉뚱한 방향으로 튀었다.

TV 시청 중 해외토픽에서 도로에서 타는 스키가 잠시 나오는 것을 봤는데 왠지 끌렸다. 저 사업을 해야겠다는 생각이 퍼뜩 머리를 스치고 지나갔다. 바로 방송국을 찾아가 어느 나라 영상인지 확인하니 노르웨이라고 했다. 알아낸 정보는 그게 다였지만 그 길로 여행사에 의뢰해 여권 등을 만들어 프랑스로 날아갔다. 그런데 필자는 학교를 제대로 다니지 못하고 17세라는 어린 나이에 사회에 진출하여 무대포로 거기까지 달려온 사람이기 때문에 사실 영어 알파벳 하나도 읽을 줄 모르는 상태였다. 그런 필자가 말도 통하지 않는 노르웨이로 간다고 하니까 아내가 걱정을 하며 만류했다.

"당신 지금 이렇게 가면 집도 못 찾아오고 죽어. 가지마."

하지만 아내도 결국 필자의 고집을 꺾지는 못했다. 다행히 프랑스까지는 국내 항공기를 타고 가서 아무 걱정이 없었다. 파리에서 노르웨이 항공으로 갈아탈 때도 알려주는 대로 정상적으로 잘 탔다. 그런데 기내에 앉아 앞뒤를 살펴보니 동양인이 한 명도 없고 서양인들만 조용히 앉아있었다. 그 모습을 보는 순간 심리적으로 위축이 되어 무섭기 시작했다.

새벽 3시 오슬로 공항에 도착하니 비가 부슬부슬 내리는데 겁도 나고 앞으로 어떻게 하나 막막했다. 일단 무조건 택시를 타고 지정된 호텔을 기사에게 보여주니 만사 OK. 그런데 호텔방에 들어가니 무지 추운 방에 이불은 보이지 않고 침대와 시트만 달랑 있는 것이 아닌가. 말이 통해야 카운터에 물어볼 텐데 뭐라고 입을 떼야 할지 난감해서 그냥 포기하고 점퍼까지 그대로 입은 채로 이불 없이 새우잠을 잤다. 그런데 다음날 아침에 일어나서 보니 이불이 침대에 꽁꽁 싸여져 있는 것이 아닌가. 그걸 모르고 밤새 춥게 새우잠을 자다니 헛웃음이 나왔다. 이번엔 아침을 먹으러 레스토랑에 갔다. 메뉴판을 볼 줄도 모르고 뭘 달라고 해야 하나 한참을 앉아서 망설이고 있는데 누군가 빵과 커피를 먹는 것을 보고 필자도 손짓으로 저것을 달라고 했다. 그렇게 아침식사를 겨우 해결했다.

하지만 이대로는 아무것도 못할 것 같아서 코트라에 의뢰해 가이드를 소개받았다. 가이드의 도움으로 노르웨이 여기저기를 돌아다니며 방송에서 보았던 물건을 찾았다. 그런데 필자가 찾는 물건이 노르웨이에는 없고 스웨덴에 있다는 얘기를 듣게 되었다. 할 수 없이 다시 스웨덴으로 날아갔다. 그곳에서 수소문 끝에 도로용 스키 1세트를 샘플용으로 구입할 수 있었다. 우여곡절 끝에 구한 샘플을 들고 12일 만에 귀국했다. 집에 오니 식구들이 놀람과 기쁨이 섞인 얼굴로 필자를 맞아주었다. 영어 한 마디 못하는 필자가 헤매다가 국제미아라도 될까봐 걱정이 많았던 모양이다.

귀국한 다음 날 그 샘플을 가지고 을지로와 청계천 등으로 전문가를 찾아갔다. 적당한 부속을 조합해 국내에서 비슷한 제품을 만들어 팔아볼 생각이었다. 본격적인 생산에 앞서 일단 사업화 가능성을 엿보기 위해 2~3개 정도만 시범적으로 만들어보기로 했다. 그런데 그렇게 열심히 준비를 하던 중 뜻밖의 소식을 접하게 되었다. 어느 날 저녁에 TV를 시청하는데, 아이들이 필자가 만들려고 하는 것과 흡사한 제품을 타면서 노는 장면이 나왔다. 이게 무슨 일인가 싶어서 알아보니 롤러스케이트를 생산하는 국내의 모 회사가 이미 시제품을 만들어 세상에 내놓았고 제품 생산에 들어갔다는 것이었다. 힘들게 외국까지 나갔다 온 것이 물거품이 되는 순간이었다. 지금도 그때 사왔던 샘플이 우리 집 007 가방 안에 잠들어 있다. 결국 실패로 돌아갔지만 생전 처음 낯선 외국 여행도 다녀오고 나름 재미있는 추억이다.

어쨌든 당시에는 이것저것 뜻대로 되는 게 하나 없이 실망만 가득한 채 하루하루를 보냈다. 그러다 모 식품회사에서 백화점식 정육점 프랜차이즈 가맹점을 모집하기에 괜찮아 보여서 신청했다. 구로주공 아파트 복합 상가 1층 중앙에 가게를 임대하여 기존의 정육점과는 완전 차별화된 고급 정육점을 창업했다. 그런데 그 상가에는 이미 오래된 정육점이 2개가 있어서 기존 단골들이 옛 단골집을 지나쳐 우리 가게로 올 수 없는 환경이었다. 아무리 노력하고 친절하게 해도 모두 헛수고였다. 대대적으로 마케팅도 해보았지만 매출이 올라가질 않아 직원들 월급 주고 나면 적자만 몇 백만 원이었다. 결국 6개월 만에 트집을 잡아 본사 직영으로 넘겨주고 끝냈다. 일부 적자를 보았지만 고민을 끝내고 홀가분하게 빠져나왔으니 기분은 굿이었다.

참고로 상가를 보러 다니는 사람은 가능하면 동종 업종이 있는 큰 상가나 그 주변에는 가지 않은 것이 좋다. 본인이 아무리 장사에 자신이 있어도 기존 가게들의 텃새도 무척 심하고 단골들을 뺏어오는 일이 그리 만만한 일이 아니다.

· 외식사업으로 다시 비상하다

다시 잠시 백수가 되어 그동안 여기저기 급하게 허우적거렸던 시간들을 돌아보니 학원사업 후 돈 잃고 제 정신이 아니었던 시기에도 필자는 날마다 무엇을 할까 연구 중이었다. 지물포를 다시 할까? 아니 지물포는 할 만큼 했으니 이제 그만. 그럼 부동산 사무소를 할까? 아니야. 이것도 뭔가 약해. 그러다 퍼뜩 머릿속을 스치는 생각이 있었다.

'그래, 외식사업을 하자!'

어쩌면 필자의 체질에 가장 맞는 사업이 외식사업일지 모른다고 생각했다. 부지런하고, 섬세하고, 인상 좋고……. 그런데 외식사업이 필자에게는 생소한 분야라 어디든 물어보면 좋겠는데 딱히 상의할 사람도 없고 하여 절에 가 큰스님에게 물었다.

"저는 뭘 하면 좋을까요?"

그랬더니 이런 답이 돌아왔다.

"물을 가까이 하는 일을 하시오."

돌아와 곰곰이 생각해보았다.

'물이라고?'

물과 관련된 사업이 무엇이 있을까? 그러다 결국 답을 찾았다. 바로 횟집! 수족관 물고기는 물이 없으면 끝이고 물이 절대적이다. 이것이 물장사가 아니고 무엇이란 말인가.

그렇게 1994년 초 여름부터 집중적으로 횟집 공부에 몰입했다. 모르는 분야이기에 더욱 신중히 접근하기 위해 횟집 운영 방법에 대해 다방면으로 알아보며 준비하기 위한 과정이었다. 그런데 알면 알수록 처음 학원을 창업할 때처럼 흥분과 설렘으로 매일이 해피바이러스에 감염된 듯 행복했다. 분당, 일산 등 신도시 아파트 입주가 시작되어 집들이에 생선회가 많이 팔리는 것을 알게 되면서 분당으로 갈까, 일산으로 갈까 계속 저울질을 했다. 그런데 당시 행주대교 붕괴 사고로 한동안 일산 입주민들은 주말에 아파트에 갇혀 있는 일이 많겠다는 생각이 들었다. 그래서 최종적으로 일산에 가게를 내기로 결정했다.

인생이 풀리려면 어쩜 그렇게 맞아 떨어지는지. 예전에 구로에서 니스 칠 장사를 함께 하던 친구가 구 일산에서 부동산 사업을 하고 있어 우연히 만나게 되었다. 횟집을 할까 하는데 가게 하나 부탁한다고 했더니 그 친구가 필자 이야기를 듣고 이렇게 말했다.

"하나 있기는 한데, 지금 일산신도시는 상가 건물이 아직 2~3개 정도밖에 없어서 가게 얻으려는 사람들이 줄을 선 상태야. 상가 점포를 분양 받은 사람도 임대 놓을 생각을 안 해."

"그래? 그러면 점포 분양 받은 분 주소를 좀 줘. 내가 직접 해결해 볼게."

그렇게 하여 상가 주인을 찾아가게 되었다. 가서 만나보니 성동구에서 파출소장을 하던 사람이었다. 소장님 말씀을 들어보니 상가 투자는 처음이라 아무것도 모르는 상태였다. 그런데 너무 많은 부동산 업자가 찾아와 머리가 아플 지경이라고 했다. 필자는 그 사람에게 제시했다.

"상가 건물 지하 13평짜리 점포를 1층 코너 가게보다 무조건 더 유명한 가게로 만들어 부가가치를 최대로 올려 드리겠습니다."

필자 이야기에 구미가 당기는 표정이었다. 필자는 여기에 팁까지 하나 더 얹어 이야기했다.

"소장님은 1년 후에 점포를 딴 사람에게 파세요. 분명 큰 시세차익이 납니다."

필자의 오랜 경험으로 볼 때 아파트 단지 내 상가는 입점 시부터 1년 사이에 최고점에 도달한 후 주변 상가가 하나, 둘 생기면 그 생명이 다한다. 그런 경우를 수도 없이 봐왔다. 그런 점을 감안해 그 사람에게도 현실적인 조언을 드린 것이다.

그리고 정확히 이틀 후 그 사람이 계약하자고 연락을 해 와서 주변 가게보다 훨씬 싼 가격으로 직접 계약을 했다. 옆 가게들은 부동산에서 기본 P(프리미엄) 2,000만 원을 다 받아먹는데 필자는 복비도 없이 가게를 얻은 것이다. 참고로 그 소장님은 1년 후에 점포를 팔라는 필자의 말을 듣지 않고 지금까지 계속 보유하고 있다. 세월이 흘러 분양금 1억 4,000만 원이 다 날아갔다. 만약 필자의 말대로 1년 만에 팔았다면 그 당시 돈으로 3억 원은 받았을 텐데 말이다. 물론 필자는 1년 2개월 만에 빠져나왔다.

어쨌든 그렇게 가게를 얻은 필자는 집도 일산으로 옮기고 본격적으로 횟집 창업 준비에 집중했다. 그리고 1994년 말경 마침내 일산신도시 강선마을 아파트 단지 내 상가 지하에 '어촌횟집'을 창업했다. 그간 많이도 돌고 돌아 여기까지 왔구나 싶었다. 너무나 벅차고 흥분되었던 그때의 행복한 마음을 지금도 잊지 못한다.

횟집 창업을 하면서 필자의 강점이 제대로 통했다. 필자의 강점은 첫째, 철저한 전략을 세운다는 것이다. 집들이용 회 배달센터라는 콘셉트에 '선택과 집중'한 것이 적중했다. 둘째, 마케팅에 누구보다 자신감을 가지고 있었다. 학원 사업을 하면서 광고를 많이 했고 그때의 노하우가 큰 도움이 되었다. 장사 초기 1년간 우리 횟집을 모르는 사

람이 없을 정도로 마케팅 융단 폭격을 했다. 셋째, 배달 요령이다. 아
파트를 찾아가는 요령도 차이가 많은데 필자는 그 요령을 미리 숙지
하여 오토바이뿐만 아니라 자동차를 이용하여 보통 배달하는 어린 친
구들보다 2~3배 신속 정확하게 배달했다. 넷째, 필자의 부지런함도
한몫했다. 새벽부터 오전 10시 사이 주방장이 나오기 전까지 하루 일
의 절반을 해두었다. 수산시장에서 장을 보고 그날 하루 팔 생선 횟감
을 아침에 모두 미리 잡아 손질해두었다. 손질한 횟감은 흰 광목에 싸
서 냉장보관으로 숙성하여 팔았다.

  횟집 창업은 그야말로 대 성공이었다. 지하 13평 가게에서 하루 매

출 수백만 원이 나왔다. 회 배달요원만 3명이었다. 여기서 팁 하나!

점포가 많이 모여 있는 종합상가에 입점할 때는 먼저 공유면적, 즉 창

고나 복도 끝자락 등과 외부 간판자리가 좋은 곳을 선점해야 한다.

그런데 횟집 사업은 철을 많이 탄다. 여름에는 비브리오 패혈증의

감염 우려가 있기 때문에 5월부터 9월까지는 장사가 안 된다. 그즈음

주엽 역세권에 좋은 상가들이 하나, 둘 생겨나고 있었다. 필자도 제

일 좋은 자리에 작은 가게 1칸을 임대하여 여름 장사를 만회해 볼 요

량으로 칡냉면 가게를 열었다. 냉면 장사는 여름 한철은 정말 밥 먹을

시간도 없이 바쁘다. 한마디로 사람 잡을 정도. 우리 가게가 작아 손님이 한 번에 많이 못 앉으니까 회 배달처럼 냉면도 배달이 엄청 많았다. 그러다 찬바람이 부는 9월 이후에는 매출이 뚝 떨어졌다. 냉면 장사는 그렇게 한철만 했지만 나름 성공적이었다.

그전 횟집은 다른 사람에게 매도하여 완전히 정리하고 이후에 횟집 2개를 더 차려 지인에게 넘겨주었다. 그리고 잠시 휴식기를 갖고 있는데 상가 상인들의 모임에서 누군가 설렁탕 장사가 철을 타지 않는 장사로 사계절 잘 된다는 말을 했다. 그 말을 듣고는 냉면 가게를 조금 손봐 설렁탕·해장국 가게로 업종을 변경했다. 이 가게 또한 대박이었다. 지금도 이 가게는 주엽 역세권에서 설렁탕 맛집으로 유명하다.

· 잘 나갈 때 조심하라(설렁탕의 정석 공개)

설렁탕·해장국집은 실 평수 12평 가게에서 24시간 영업으로 아침 5시부터 10시까지 외부 간이 테이블까지 꽉 차게 돌아갔다. 오전 11시 이후부터 오후 3시까지는 손님들이 계속 줄을 서고, 오후 5시 이후 저녁 장사도 잘됐다. 일 매출 수백만 원 이상이 꼬박꼬박 나왔다.

사실 필자는 설렁탕에 깊이가 없었다. 지금 밝히지만 처음엔 맛을 내기 위해 조미료와 프림 등 여러 가지를 넣으며 실험을 많이 했다. 그러다 설렁탕의 깊이를 알기까지는 정확히 5년이라는 세월이 걸렸다. 그 사이 주방장도 8명을 교체했다. 그런 뒤에야 알게 된 설렁탕 맛의 비밀은 바로 '불 조절'이다.

사골국물을 제대로 내리면 다음의 순서를 기억해야 한다. 첫째, 갓 작업한 신선한 소뼈를 구입해야 한다. 냉동실에 오래 둔 뼈는 국물이 잘 안 나온다. 둘째, 미지근한 물에 핏물을 뺀 후 강한 불에 2번 튀겨내야 한다. 그 다음 흐르는 물에 이물질 없이 하나하나 깨끗이 씻어야 한다. 셋째, 1차 국물내기다. 물을 조금만 넣고 강한 불로 뼈가 흐물흐물해질 때까지 푹 곤다. 물이 줄면 조금씩 채우면서 집중해서 바글바글 끓인다. 넷째, 거기에 물을 많이 잡고 3시간만 끓이면 1차 국물 완성이다. 1차 국물을 따로 내놓고 2차 국물내기에 들어간다. 다섯째, 2차 국물내기는 물을 많이 잡고 3시간 정도 강한 불로 끓이면 완성된다. 그렇게 만들어진 1차 국물과 2차 국물을 섞어주면 맛이 고소하다. 여섯째, 같은 방법으로 3차 국물을 한 번 더 뽑아 2차 국물과 섞어주면 뼈는 거의 소멸된다. 이렇게 나온 사골 국물은 아주 뽀얗고 진하며 고소하다. 아무것도 섞을 필요가 전혀 없고 식으면 바로 묵이 되는 진정한 사골 국이다.

그런데 이렇게 사골국물을 내지 못하는 곳이 너무 많다. 그래서 손님들의 인식 또한 안 좋은 게 사실이다. 현재 국내에서 제일 유명하다는 'ㅅ' 설렁탕집의 경우도 여러 가지를 혼합해서 설렁탕을 만드는 걸로 알고 있다. 식으면 이상한 냄새가 나고 힘 빠진 국물이다.

일산 주엽에서 설렁탕·해장국 가게를 5년간 했다. 돈도 많이 벌고 좋은 일도 많았다. 창업 후 한결같이 사업이 잘 되었고, 광명시와 평촌 신도시에 분양 받아둔 아파트를 입주 무렵에 많은 프리미엄을 얹어 팔아 큰 시세차익을 얻었다. 그 당시 광명시 35평형 아파트와 평촌 시범단지 32평형 아파트 분양가 대비 배 이상 수익을 남기고 처분하여 상당한 목돈을 잡을 수 있었다. 부동산 공부를 해둔 내공이 결실을 본 때였다. 여기에 자신감을 얻어 1년에 세 곳 이상 창업 계획을 세웠다. 첫 번째로 일산 정발산역 인근에 '큰가마집'이라는 설렁탕 가게를 창업했다. 월세가 600만 원에 관리비를 포함하면 월 1,000만 원씩 들어갔다. 당시는 IMF 때라 그 주변이 허허벌판에 빈 가게가 상당히 많았다. 그 와중에도 이 가게는 초대박이었다.

그런데 필자 생애 최대 실수를 한 것도 이때였다. 이전 주엽동 가게가 한창 잘 나갈 무렵에 필자는 창업 계획을 옆 점포에서 가게를 하는

○○○라는 사람에게 허물없이 이야기하곤 했다. 당시 필자는 일산 킨텍스 앞 상가를 주엽 다음 창업 예정지로 정하고 오랫동안 공을 들였다. 부동산 업자를 끼고 건물주와 상의를 미리 해두고 주말이 지난 월요일에 계약하기로 약속까지 했다. 그런데 필자는 그러한 사실을 주말 저녁에 ○○○에게 아무런 의심 없이 이야기했다. 그리고 그 다음 날, 그 친구는 아침 일찍 필자가 계약하기로 했던 가게를 먼저 계약해버렸다. 필자로서는 전혀 예상치 못한 일이었다. 그야말로 뒤통수를 크게 맞은 것이다.

그 친구는 필자의 가게 자리를 가로챈 것도 모자라 설렁탕 가게를

떡하니 오픈했다. 필자가 내려던 업종과 같은 가게를 내다니 사람이 남의 뒤통수를 치려고 마음을 먹으면 그렇게 되는 게 인간사다. 아무튼 그 설렁탕 가게 자리는 오늘날까지도 일산신도시에서 몇 안 되는 최고의 입지를 자랑하고 있고, 그 친구는 덕분에 그 가게를 시작으로 몇 개의 외식업체를 운영하게 되었다. 부동산 등 재산도 상당히 모은 것으로 알고 있다. 여기서 배우는 교훈 한 가지! 정말 중요한 정보는 절대로 남에게 함부로 발설하지 말고 본인의 마음속에 저장해두길 바란다. 그리고 상심과 아쉬움은 크지만 실수에 머물러 있지 않고 새로운 답을 찾는다.

이처럼 사업하는 사람은 조심할 것이 한두 가지가 아니다. 특히 잘나갈 때일수록 더 조심해야 한다. 설렁탕집이 24시간 영업으로 항시 손님이 바글바글하여 매출도 수백만 원이 나오고 IMF 때라 일할 사람도 많아서 장사하기 좋았다. 그런데 돈이 생기니 늘 조금씩 해오던 '주식병'이 또 도진 것이다. 결과는 처참했다. IMF 직전 주식 값이 많이 내렸다고 판단하고 왕창 '물 타기 매수'를 했는데 IMF가 터지면서 12개 종목 중 8개가 부도 처리되고 수억 원이 날아갔다. 겨우 2,000만 원만 챙기고 가지고 있던 주식을 완전 정리했는데, 그러고 났더니 주식이 하늘 높은 줄 모르고 올라 연일 호황이었다. 닭 쫓던 개처럼 체념할 수밖에 없었다. 필자는 아무래도 주식과는 인연이 아닌 것 같다. 외식사업이 한창 궤도에 올라 잘나갈 때 좀 더 집중해서 착실하게 자산 운영을 했어야 했는데 그러지 못했던 것이 지금도 후회로 남는다.

참고로 필자같이 아무것도 모르는 개미들은 주식시장에서 마지막 떨이하고, 반대로 세계적인 투자자들은 그때 큰돈을 가지고 국내에 들어와 단시일 만에 왕창 뽑아먹고 나갔다는 것이다. 세상사 아는 것과 모르는 것의 차이는 하늘과 땅 차이다.

• 미친 공부를 시작하다

필자의 가슴 속 평생 한이요, 응어리로 남아있던 것이 공부다. 그 무렵, 필자는 그 한을 풀기 위해 검정고시의 문을 두드렸다. 기초가 워낙 없기도 하고 생각은 온통 산만하고 엉뚱한 곳에 가 있어서 공부가 쉽지 않았다. 동네 사람이 알까봐 부평까지 가서 학원을 다녔다. 처음 중학 과정 책을 접했을 때 솔직히 필자는 불가능하다고 생각했다.

수학, 영어가 너무 어려워 도저히 엄두가 나지 않았다. 그래서 학원에 다니는 것 외에 따로 수학, 영어 과외 선생님을 두고 공부했다. 여기에 학습지와 동네 소규모 스터디 모임까지 다니면서 열심히 했다. 또 집에서 공부가 안 되어 고시텔 하나를 빌려 집중적으로 했다. 이렇게 하여 2년 반 만에 고입검정고시와 대입검정고시를 통과했다. 필자에게도 대학에 진학할 자격이 주어진 것이다.

함께 공부한 동료들은 대부분 방송통신대학교를 택했다. 그러나 필자는 외식경영학과가 있는 경민대학교를 선택했다. 여기에는 사연이 있다. 필자의 실력으로는 경민대를 갈 수 있는 수준이 도저히 안 되었다. 그래서 사전 특별전형 모집 때 학교에 필자의 이력을 장황하게 적은 편지를 보냈다. 다행히 학교에서는 이런 학생이라면 우선순위로 받아준다면서 제일 먼저 합격 통지서를 보내주었다.

그동안 공부 못한 한이 필자의 마음속에 얼마나 큰 자리를 차지하고 있었는지 모른다. 글 쓰는 일만 생기면 어쩐지 작아지고 초라해지는 필자의 모습 때문에 나쁜 생각도 수도 없이 했다. 이를 극복해보려고 최면술도 배워보고 신념 교육도 여러 번 받아보았다. 아침마다 혼자 산에 올라 "나는 할 수 있다!"를 큰 소리로 외쳐도 보았다. 평생교육원 경영대학원을 4곳이나 다니면서 사각모도 여러 번 써보았다. 그러나 아무 소용이 없었다. 장사할 때의 필자는 누구도 따라 오지 못할

자신감과 열정, 끼와 판단력을 가진 사람인데 공부 못한 것이 뭐라고 그렇게 필자를 힘들게 했는지. 그런데 참 이상도 하다. 2005년 경민 대를 졸업하면서 그 오랜 세월 응어리로 남아있던 모든 것들이 어느 순간 다 사라졌다.

'그래, 이제 나도 대학 나온 사람이야!'

남 앞에만 서면 작아지던 지난날은 눈 녹듯 사라지고 자신감 충만한 사람이 되었다. 이 일 또한 필자에게 잠시 주어진 시련이요, 한낱 꿈이었나 보다. 결국 필자의 몸에 항시 달라붙어 다니던 몹쓸 병 하나를 떼어내는 데 성공했다. 지금 필자가 창업과 투자 노하우를 담은 책

을 쓸 수 있게 된 것도 그 덕분이다.

배움에는 끝이 없다고 했다. 그런데 그 배움을 통해 성장하고 성공의 발판으로 삼는 것은 또 각자의 몫인 것 같다. 지금 여러분 앞에 있는 배움의 기회들을 잘 잡길 바란다. 그리고 그 배움을 통해 충만한 자신감을 키우는 일에 한번쯤 미쳐보기 바란다. '미쳐야 이룬다'는 말처럼 미친 공부 끝에 성공의 결실이 여러분을 기다리고 있을지도 모른다.

장사하고 싶어 미친 사람

사업은 연속적으로 운이 따라 목동과 김포, 부평에서 창업하였고 즉시 프리미엄을 받고 처분했다. 파주 통일동산에 상가 하나를 임대 계약했는데, 이제는 파주에서 뭔가를 보여줘야 할 때라고 생각했다. 일산에서 처음 외식사업 할 때 필자의 각오는 대한민국 전역에서 1등 은 못하더라도 일산만은 이유 불문하고 필자가 접수한다는 것이었다. 차를 타고 자유로를 달리다 일산신도시가 저 멀리 보이면 '저기에서 외식 분야만은 무조건 내가 1등 한다!'고 그렇게 마음속으로 외쳤다. 그리고 이제는 파주를 보면서 또 다른 나의 사업 세계를 펼쳐보이리 라 다짐하곤 했다. 근데 무엇으로? 파주에는 뭐가 유명하지?

어느 날 파주의 특산품을 보면서 파주 장단콩이 유명하니 두부 · 청 국장 장사를 해볼까 하는 생각이 들었다. 그날부터 머리엔 온통 장단

콩 생각뿐이었다. 하루는 임진각을 지나 민통선 지역에 땅을 보러 갔다가 파주가 민통선과 가까우니 DMZ 냄새가 풍기는 콘셉트로 가게를 차리면 어떨까 하는 생각이 들었다. 생각이 여기에 이르니 갑자기 가슴이 콩닥콩닥 뛰면서 엄청난 흥분이 느껴졌다. 도배학원을 처음 구상할 때처럼 낚싯대에 대어가 걸린 듯 가슴 터질 듯한 흥분과 새로운 상상이 마구 일었다.

그런데 두부 요릿집을 준비하면서 생각해보니 일산에서는 나를 따라하는 장사꾼들이 너무 많아서 그 일대 땅값까지 올랐다. 파주에서도 필자가 새로운 식당을 오픈하면 주변 땅값이 오를 것이 분명했다. 그렇다면 그 기회를 잡아야 하지 않겠는가? 간판을 걸기 전에 땅부터 먼저 사두는 것이 좋겠다고 판단한 필자는 미분양상태로 남아있던 근린생활시설 부지 1필지(400평)를 계약해두고 가게를 오픈했다.

그렇게 창업한 장단콩 두부요리 전문점은 필자의 계획대로 바로 유명세를 탔고, 그 주변 땅도 하루아침에 다 팔렸다. 이어 우리 가게에서 일하던 직원 일부가 인근에 같은 두부 요릿집을 차리기 시작했고, 그 여파로 통일동산에는 장단콩 두부요리 전문점들이 수도 없이 생겨났다. 덕분에 이 지역은 파주를 대표하는 맛집 구역으로 명성을 떨치게 됐고, 파주시에서도 이곳에 200억 원을 들여 '장단콩웰빙마루'라는 테마파크를 만들려고 추진 중이다. 현재 이 가게는 필자보다 뛰어난 젊은 프로가 인수하여 파주 1등 가게로 잘 운영하고 있다.

필자는 파주 통일동산에 장단콩 요리 전문점을 처음 심었다는 사실에 자부심을 느낀다. 결과적으로 일산신도시 횟집과 설렁탕집에 이어 파주 두부집까지 원조 1등 가게로 성공시켰다. 요즘엔 어딜 가나 원조를 자처하는 식당들이 많지만 진짜 원조는 아무나 만드는 것이 아니다. 그 지역 상권을 분석하고 해당 메뉴를 철저히 연구해야 한다. 그리고 누구라도 따라하고 싶을 만큼 대박을 쳐야 한다. 필자는 이런 대박 원조집을 계속해서 탄생시키기 위해 지금도 열심히 연구하며 준비 중이다.

제주에서의 꿈같았던 3년

파주에서 1등을 하겠다는 소망을 이루고 나서 필자는 한동안 휴식의 시간을 가졌다. 이후에도 여러 가게들을 창업하긴 했는데 그 가게

들은 믿을 만한 점장을 투입해 맡겨두고 많은 시간을 제주에 마련한 별장을 오가며 보냈다.

필자는 제주에서 3년간 멋진 날들을 보냈는데, 펜션 구경 차 처음 내려갔다가 그곳의 자연 풍광과 맑은 공기에 매료되면서 인연이 시작되었다. 그때 필자는 눈에 띄는 집 한 채를 발견하고 펜션 사장님의 도움으로 즉시 매입했다. 그 집을 나만의 별장으로 꾸미고 한 달 중 일주일 정도는 그곳에서 머무르면서 사업 구상을 하고 승마와 골프도 즐겼다. 호기심 많은 필자는 제주의 구석구석을 돌아다니며 아름다운 자연에 빠져들었고 그곳에서 노후를 보내리라 마음먹었다.

그러자면 그곳에서 먹고 살 거리가 있어야 했다. 그래서 부동산 사무실을 많이 방문했는데 그중 서귀포 시내 요지의 땅 650평을 발견하고 평당 60만 원에 가계약을 해두고 왔다. 그런데 본 계약 무렵 도로 쪽으로 작은 남의 땅이 있어 서로 해결을 하지 못하고 결국 계약을 파기했다. 지금 그 땅이 평당 1,000만 원 이상 거래되고 있다.

다음으로 함덕해수욕장 인근의 밭 800평을 평당 18만 원에 매입하였는데, 여기에다 차후 제주 오름 모양의 유명한 식당을 창업할 계획을 세우고 일산과 제주를 오가며 업종 구상으로 바쁜 나날을 보냈다. 필자는 스스로를 외식 분야의 프로라고 생각하기 때문에 필자가 제주에서 창업을 하면 제주 외식업계가 뒤집힌다는 상상을 하곤 했다. 엉뚱한 것 같아도 그런 생각만으로도 얼마나 기분 좋고 설렜는지.

그러나 인생은 늘 좋은 일만 있는 게 아니라는 것을 제주에서 다시한 번 깨달았다.

어느 가을날, 신나게 달리던 말 위에서 그만 낙마 사고를 당하고 말았다. 필자는 몸을 움직일 수 없는 큰 부상을 입었다. 순간 스치는 생각 하나, 이대로 평생 걷는 것은 끝인가? 즉시 119를 불러 제주병원으로 이송되었다. 정밀검사를 해보니 척추와 어깨에 큰 부상을 당했지만 다행히 걷는 것에는 이상이 없다고 했다. 그제야 마음이 조금 놓

였다. 일단 응급조치를 받고 그날 바로 서울 강남의 모 척추병원으로 옮겼다. 입원 후 수술을 받았다. 필자의 인생에서 가장 큰 수술이었다. 곧바로 안정은 되었지만 당장 승마를 위해 산 모자, 옷, 신발까지 모두 버려버렸다. 나이 들어 하는 승마는 항시 위험이 따르는 법이다. 그렇게 승마와는 완전히 이별을 했다.

그 이후로 제주도에 내려가면 뭔가 재미가 없었다. 흥미가 식으니 우울한 기분마저 들어서 점점 제주에 내려가는 일이 뜸해졌다. 몇 개월씩 별장 집을 비워뒀더니 어쩌다 내려가 문을 열면 곰팡이 냄새가 났다. 조경도 관리가 안 되니 엉망이었다. 결국 집과 땅 모두 싼 가격

에 처분하고 제주에서 철수했다. 7년 전 그때 3억 원을 받고 판 필자의 별장은 현재 16억 원이고, 평당 20만 원에 매도한 땅은 도로가 넓어지면서 현재 평당 300만 원이 되었다. 제주 집과 땅을 처분한 돈으로 파주 운정에 49평짜리 아파트를 6억 5천만 원에 매입했는데, 현재 시세가 4억 원이다. 한마디로 말해 쫄딱 망한 것이다. 이런 게 인생이다.

몇 년이 지난 후인 2015년 봄에 다시 서귀포 남원에서 곰탕집을 준비했다. 하지만 일할 사람도 없는데다 여러 가지 문제가 많아서 손해 조금 보고 중도에 현지인에게 넘겨주고 끝냈다. 제주와의 인연도 그렇게 저물었다. 그러나 필자는 크게 후회하지 않는다. 아름다운 제주에서 많은 추억을 남겼으니 말이다.

· 따뜻한 남해로 귀촌을 꿈꾸다

제주에서 못다 이룬 꿈에 대한 아쉬움이 커서인지 또 다시 제주도와 비슷한 곳을 찾게 되었다. 경남 남해! 남해는 바다와 산도 좋은데 무엇보다 물가가 싸다. 생선류가 많이 나오고 채소도 엄청 싸다.

그곳에서 뭔가 해보려고 어렵게 작은 상가 건물 하나를 찾아서 계약했다. 그런데 세입자 문제가 생겨 한동안 애를 먹었다. 그러고 나서 건물 리모델링을 하는데 건물이 너무 낡아서 수리비만 1억 원이 들었다. 그래도 그렇게 돈이 들어가니 번듯한 새 건물이 탄생했다. 이곳에서 필자만의 아이템인 면 요릿집 '면 천국'을 창업할 계획이었다.

그렇게 창업 준비를 하면서 필요한 서류 작업을 위해 시청을 방문했다. 그러다 뜻밖의 상황과 맞닥뜨렸다. 수리가 다 끝난 우리 건물 중 일부가 불법 건축물로 고발된 상태라는 것이다. 그러면서 많은 시간과 돈을 투자하여 수리한 건물의 일부를 철거하라는 것이 아닌가. 황당하여 이러지도 저러지도 못하고 고심 중에 있는데 도시에서는 보지 못한 지역 텃새가 무척 심한 것을 여러 번 접하게 되었다.

'이곳도 내가 평생 살 곳은 아닌가 보다.'

꿈도 점점 허물어져 더 이상 미련 없이 철수하자는 생각에 급매로 건물을 매도했다. 건물 리모델링비 1억 원만 고스란히 날리고 따뜻한 남해로 귀촌하려던 나의 꿈도 함께 무산되고 말았다.

• 몸과 마음의 건강을 위해 산에 오르다

뭔가 하는 일이 잘 안될 때는 산이 최고! 필자는 산행을 23년 넘게 다녔다. 처음 시작은 아픈 몸 때문이었다. 일을 너무 하다 보니 허리가 많이 아팠다. 검사를 해보니 목과 척추 디스크였다. 상태가 안 좋

아서 그대로 방치하면 머지않아 척추장애로 진행될 가능성이 크다는 전문의의 진단이 있었다. 그때부터 바쁘고 힘든 와중에도 병원 치료, 한방 치료, 활법 치료 등 여러 치료를 약 2년간 지속적으로 받았다. 그런데 그렇게 돈과 시간을 투자했지만 치료를 받는 그때뿐이고 별로 나아지지 않았다. 그러던 중 누군가 등산이 허리에 좋다고 하여 조금씩 시작했다. 늘 일도 많이 하지만 사업 연구와 부동산·주식 공부 등으로 머리도 많이 쓰는 편이라 매주 토요일 가까운 산으로 등산을 다녀오면 허리 척추 건강에도 도움이 됐으며 정신 건강에도 큰 도움이 되었다. 체질적으로 약골에다 여기저기 아픈 곳이 많아 종합병원 수

준인 필자에게 등산은 그야말로 딱이었다.

산악회에 가입하여 산악대장도 여러 번 했는데, 산악회는 원래 말도 많고 탈도 많은 곳이다. 그래도 별 탈 없이 10년 가까이 산악회 회원들과 매주 한 번씩 근교 산행과 장거리 산행을 즐겼다.

하루는 등산 선배 한 분이 "한 살이라도 젊고 무릎 튼실할 때 큰 산을 하고 나이 들면 가까운 근교 산을 하는 게 진정한 산악인"이라고 하셨다. 그날 이후로 본격적으로 계획을 세워 '한국 100대 명산' 등반을 시작했고, 매달 두 번씩 백두대간을 함께 종주하기 시작했다. 2~4명 인원으로 전국을 찾아다니며 명산 산행을 하고, 백두대간 종주는 소구간으로 나눠 지리산 코스를 시작으로 명산과 겹치는 코스는 한 번에 등반했다. 그리고 2015년 가을에 강원 진부 마산까지 약 7년간의 대장정을 끝마쳤다.

10년 이상의 산행일지를 보면, 매월 4~6회 산행을 했고, 지리산 종주 2박 3일과 설악 공룡능선과 대청봉 등 하루 14시간 이상 산행을 수차례 했다. 또한 제주 성판악~관음사 코스 5회, 백두산 트레킹 종주 17시간 완주, 중국 황산 서파코스 트레킹, 백두대간 정맥, 지맥 산행까지 그야말로 날마다 행복한 산행이었다. 필자에게 산행은 마음을 쉬게 하는 고마운 친구였다. 지금은 우측 무릎에 이상이 생겨

무리한 산행은 자제하고 둘레길 걷기 등 몸 풀기 정도의 산행만 하고 있다.

외식사업을 하는 사람에게 몸과 마음의 건강은 선택이 아니라 필수다. 매일매일 치열한 전투장 같은 현장에서 살아남아 성공한 대박 가게의 경영주가 되려면 지치지 않는 강인한 체력과 어떤 힘든 상황도 지혜롭게 이겨낼 평정심이 있어야 한다. 헬스장에 가서 기구를 들어도 좋고 요가나 체조로 심신을 단련해도 좋다. 탁 트인 필드에 나가 골프를 치면서 사교도 하고 더불어 체력도 키우면 금상첨화다. 각자 나름의 방식으로 하면 된다. 필자의 경우엔 그것이 산행이었고, 산행을 통해 외식사업계를 정복할 힘을 얻었다.

목표를 향해 끊임없이 한발 한발 내딛어야만 정상에 설 수 있다는 점에서 산행과 창업은 닮은 점이 많다. 목표를 상실하고 방황하고 있는 사람이라면 창업이라는 큰 산을 넘기 위한 준비 과정의 하나로 산행을 즐겨보면 어떨까? 경험자로서 강력히 추천한다.

상가 입지 & 대박투자 연구에 몰입

사실 이 부분은 필자의 관심사의 전부라고 할 수 있는 대목이다. 어릴 적에 워낙 못 살아서 어떻게 하면 잘 살아볼까를 항상 생각했다. 그래서 주식과 부동산에 관심을 갖게 되었고, '어떻게 하면 성공적인 장사를 할 수 있을까?' 하고 연구하게 되었다. 여기저기서 장사를 해 보면서 상가 입지의 중요성이 장사의 성공과 실패를 가름한다는 것을 알게 되었다. 그 다음은 업종 선택에서 결정된다.

필자는 오랜 세월 시간이 나면 개발지 주변 등 좋은 땅을 찾아다녔는데, 최근 7년간의 휴식기에는 더욱 많은 지역으로 답사를 다녔다. 눈에 띄는 대박 가게와 입지가 좋은 신규 가게, 지방의 유명한 식당들을 답사하고 입지와 규모, 주차장, 메뉴, 경영주의 자세 등을 항목으로 분류하고 나름의 점수를 매긴다.

성공하는 가게들은 확실히 뭔가 다르다. 메뉴도 단출하고, 가격 대비 음식도 잘 나오며, 손님을 크게 실망시키지 않는다. 실패한 가게들은 우선 메뉴가 복잡하다. 뭐가 전문인지 알 수 없고 수시로 메뉴가 늘고 바뀐다. 경영주는 늘 TV만 본다. 물어보면 경기 탓만 하고 공부에 관심이 없다. 외식사업도 끝없이 공부하고 연구해야 하는데 말이다. 기본도 모르는 듯한 경우가 많다. 장사가 안 되면 필히 경영 진단이 필요하다. 장사가 잘 안 되는 이유가 외부적인 이유인지, 내부적인 요인인지 찾아내어 적극적으로 해결해야 살아남는 것이다. 그대로 두면 모든 것을 잃는 건 한순간이고, 지나고 나면 크게 후회한다. 투자도 공부하는 자가 이긴다.

7년간의 긴 휴식기 동안 국내 대박 땅과 베트남 투자 및 창업 등을 집중적으로 연구해 왔다. 2018년부터 무릎 고장으로 큰 산행은 어렵고 골프도 엘보가 생겨 조심 중에 있다. 주식 투자는 해외 유망기업에 40%를 묻어두고 장기투자로 가고, 남은 금액은 코로나19 이후 국내 유망주에 집중하고 있다. 풍부해진 유동성 자금으로 아파트와 주식이 날고 있지만, 예측하건데 2021년 이후부터 큰 변화가 올 것이다. 최대변수는 대선 전후 남북 간에 우리가 생각지 못한 급변이다.

또 하나 시나리오는 화폐개혁일 것이다.

필자는 2020년 이후 세상을 이렇게 바라본다.

변동성이 큰 시대에는 리스크를 줄이는 길과 본인 스스로를 바꾸지 못하면 삶을 변화시키지 못한다. 과시용의 소비습관을 버리고 시대 흐름을 따라야 진정한 경제적인 자유의 길에 오를 수 있지 않을까.

남북경협

'통일한국'에 전 재산을 걸겠다는 짐 로저스(Jim Rogers).
이제 북한의 경제개방은 막을 수 없다.

남북경협……. 우리의 꿈과 열망이 시작되는 것이고,
답답한 이 나라에, 한 방에 뻥 뚫어주는 운명이
뒤집힐 위대한 대(大) 한반도시대가 열리는 것이다.
모든 분야가 사정없이 둑이 터지듯 홍수를 이뤄내야 하고…….

여기에는 브레이크가 필요 없다.
지금까지의 투자 유망 지역과 방식은 다시 시작이다.

접경지역시대에 슈퍼씨앗을 뿌려라. 당신의 인생을 바꾸어 줄 것이다.

– 통일성주 차길제

제5장

(쉬어가는 코너)
경제신문으로 보는
30년 전 투자의 역사

그때 신문

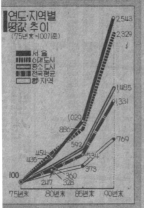

全國땅값 15년간 13배 올랐다

서울지역 무려 25倍나

건설부 분석

6大도시 23倍…은행예금은 겨우 6

연도·지역별 땅값 추이
('75년末=100기준)

■ 서울
▦ 6대도시
▥ 전국평균
□ 郡지역

韓國·올고 세계은행

민통선인근 개발 주민 복지향
통일대비한 각종 기반시설 회

군사시설보호구역 규제완화 움직임

坡州 교하면일대 투자 열7

전원주택단지·지방공단 조성등 개발 잇달아

경기도 파주시 교하면 일대에 부동 개발사업의 윤곽이 드러나고 최근들 를 겨냥, 택지를 물색중인 ㄱ
투자붐이 일고 있다. 어 군사시설보호구역 규제완화 움직 려졌다.
                      있으로 기여해이 트지 오지아이 하비 또 부바리에느 끼녀펴이

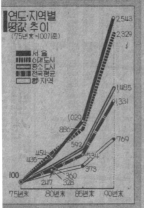

재벌들의 무차별 「土地사냥」

땅

京畿·江原북부 땅값 暴騰

北方교역자극 서울 큰 아파트도 껑

直員名義 매입한뒤 債務관계로 위장

눈독들인땅 안팔면 私生活조사 위협

投機性 땅거래 크게

작년 모두 2千3百53件…87년

땅

"저축하면 늘손해" 사회적 갈등 키워

사두기만하면 값폭등 身分도 상승

特別取材班
李春雨 崔琪璟 金尚水
李東官 許永秀 李英伊
金永旭기자

무주택자들의 상대적 빈곤감과 함께 사… 의 신흥아파트단지와 기존주택가를 하늘에서 내…
〈黃鍾建기자〉

南北 정상회담 꼭 실

地自制 團體長 동시선거

北韓과 금강산開發 ᆷ

漢水이북땅 投機 조

南北韓 直航路

說
解

漢水이북땅

國稅廳 2월부터

不動産價格 안정우한 苦肉之策

重課稅분사 강력團束의지 표현

21
億
정
저

통일후 首都로 최적

崔昌祚교수 주장

漢江·臨津江 어우러져 진취적 기상 넘쳐
서울은 山·江에 싸여 국제도시성장 한계

임이 잦아 「교하천도론」이 비현실적이었으나 통일후 한반도의 수도로는 「교하」가 최적지라는 것이 崔교수의 주장.

나 영구적인 수도론은 적합하지 않다고 주장했다. 또 서울은 한반도의 중앙에 자리잡고있으며 남북으로는 광덕산·군장산등 한강줄기를 따라 남북으로는

고려의 수도였던 개성은 북쪽으로 천마산·송악산·국사봉이, 동쪽으로 대동강 주에서 西韓만 악산·국사봉이, 동쪽으로 대동강

책과 元 건 한 14세기 서울에 극적이 극적이었

도의 수 아였던 평야지대인 교하 면이 적절하다고 주장했 이 崔교수의 주장.

자 李 교하(交)

수(지 서울시립 다.

「교하천도론」은 임진왜란과 사색당파등 내외의 혼란을 겪었던 조선시대 지리학자 李懿信에 의해 최초로 제기됐었다. 조선시대에는 왜적의 침략이 잦

우리나라의 시대별 수도의 풍수지리적 특성을 그 시대의 상황과 비교해 풍수지리적으로는 나무랄 데가 없으나 산과 강으로 둘러싸였다는 점이 바로 통일韓國을 위해서는 이상적인 수도 였다.

도의 교류가 편리한데다 좋은 산들과 큰 강가에 위치한 전형적인 방어형 지세로 고려의 취약한 국력이나 왕권, 대륙과 왜 따라 구로부터의 침탈을 막기 위해서는 이상적인 수도라·당하는 붙교

상이 살 朝鮮시대에는 왜적의 침 의 수도 개성이 적지이 쪽에 치우치지않는 고려 장하는데한계가된다는듯. 그러나 개성은 확장정 이라고

의 산세가 병풍처럼 둘러싼 전형적인 방어형이라도 붙교 당하는 라·당

계이 의의교 문에 西韓만

왔다고 곤구 대동강 주에서서

坡州「統一동산」조성계획 확정

170만평으로 축소조정… 110억 예산투입

통일동산 조성 계획도

- 자유의 다리
- 북
- 청소년야영장 및 문화센터
- 공원묘지
- 성동리
- 민속촌
- 남·북한상품 판매전시장
- 공공시설
- 버스터미널
- 통일로

一山 한강둑 自由路

정부는 이번 집중호우로 붕괴된 一山 漢江둑으로 연장 46·6km의 自由路를 건설하는 것을 포함한 통일동산 조성 기본계획을 20일 국무회의의 의결을 거쳐 확정했다.

계획안에 따르면 통일동산 조성사업에 정부예산을 투입

다.

坡州군 炭縣면 및 탄현진지구로 지정된 1백10억원을 지난 5월 통일동산 예산에 50억원

법적 성격은 지난 10억원으로 흡연하기로한 내년 예산에 50억원

하는 장 범적 성격을 기본계획을 20일 국무

파주 통일대비 신도시로 뜬

토공, 교하택지·통일동산 등 4개지구 개발박차

지도 범례
- 자유로
- 한강
- 탄현영세 중소공단
- 경의선
- 통일동산
- 통일로
- 교하택지 개발지구
- 파주출판문화 정보산업단지
- 일산신도시

│진훈 기자

주시 일대가 2000년 시대를 대비한 중심 부상하고 있다.

사(사장 김윤기·金 롤에서 일산 파주를 까지 연결되는 자유 거 문화 예술 산업 은 복합단지를 2000 개발할 계획이기 때

일산 신도시에서 차 10분거리인 데다 연결하는 교통요충지 있어 개발잠재력이 보다 돋보이는 지역

는 이곳은 인근 문발공업단지와 파주출판문화단지 개발 등과 맞물려 경기 북부지역의 ·베드타운으로 탈바꿈하게 된다.

◇통일동산=통일전망대 바로 맞
으세 이느 도인며 벼추리 서드

교육장 구실을 특히 통일동 규모로 조성될 은 박물관 화타 장 영화관 등 국내 최초의 트 개발된다.

◇파주 출판문화 하 택지지구 및 48만1000평에 중심지 구실을 어선다.

이곳에는 출 업 등을 영위하 입주해 명실공 사업의 메카로 또 단지 내에

水西·일원·新內 땅값 "天井不知"

자연綠地 1坪 110만원線

"서울의 마지막 投機場으로"
입주권 노린 無許건물 난립

대형 「매물(?)」 품귀현상

瑞山일대 땅값 매립前보다 100倍올라

배후도시 요충… 83년부터 사들여

기업主「개인취득」도 많아
관리인 명의…교묘히 위장

民間투자액 34兆 웃돌듯

西海岸 공업벨트

大企業「레저産業」 앞다투어 進出

"南北관계 改善…東海岸 투기再燃

外地서 遠征…값 暴騰

내륙쪽 自然綠地도 5배이상 뛰어

東海·鏡湖灣 확충사업등과 관련, 주변일
대외 부동산이 外地에서 원정온 투기꾼들
에 의해 가격이 급등하고있다.

望祥해수욕장주변 林野 10만원…가짜 都市計劃圖 나돌아

農耕地 잠식 위험水位

不動産투기에 全國이 "몸살"

江原北部 지역땅 "부르는게 값"

◇전국 부동산 시세

不動産
情報

원정온 투기꾼들 여관에 장기투숙

東海 최북단 해변 최고 坪當 25만원

이사철되면 실수요자들 한차례 '홍역' 치러야할 판

지금 사야 남는

프랑스 不動産

'92년 EC統合땐 폭등
日人들 벌써 사재기붐

시내 坪당 千2百~千5百만원
싯가 20%만 내면 사둘수 있어

기업 海外부동산投資 확산

地球村무대 호텔·사무실·住宅까지

◇雙龍建設이 美 캘리포니아州에 건설한 「레지던스 인」호텔.

製造業위주 탈피 財테크치중
現代·豊林·極東 주택업 눈독

雙龍 캘리포니아서 호텔 개관
大宇 共産圈중심 호텔업 전개
럭금 LA중심가 빌딩 사들여

東京땅값 안정세

東京 아파트값 "天井不知"

한평에 평균 千5百萬원이나
땅값도 1년사이 68% 치솟아

부동산가격 폭등으로 큰집을 마련하지 못하는 東京의 서민가정이 집이 좁아 세탁기를 집밖 대문앞에 두고 사용하고 있다.

當産業빚자 땅投機

일부 農·牧場 토지 過多

수도권 田園주택 대인기

規制장치미흡 當局도 손놓쎠

換金性높고 휴양지시설로 需要급증

南楊州·加平·楊平·安城등 거래활발

승용차로 1시간30분거리… 坪當 5~40만원線

땅값싼 농림지역

'농업보호구역' 지정된곳선

西南海「섬」다시 投機열풍

西海岸시대 기대심리 작용

林野33억坪 産業用 개발

대단위 田園·山間주거지 개발

내년부터 山地등에 2~3천家口규모

1차 23개都市 1억3천8백만坪 造成

釜山아파트分讓價 坪當 2백만원臺

한신, 지도가격보다 坪當 22~34만원 올려

人口밀도 가장낮은 「統一」도시

一 山

◇一山하반기아파트분양계획

입체명	가구수				시기
	임대	국민	분양	계	
⑩라이프住宅	756	798		1,554	9월
⑯友邦住宅		408	357	765	
⑯鮮京建設 코오롱建設			707	707	
계	756	1,206	1,064	3,026	
⑪三扶土建		222		222	11월
⑪大林産業		863		863	
⑪豊林産業 三		786		786	
⑭韓信工營 宇成建設	861			861	
⑫光州高速		299		299	
⑮三星綜合建設			770	770	
⑯極東建設 三煥企業			808	808	
⑯共榮土建		525	195	720	
⑯韓信工營			609	609	
⑯마도파 進興企業 嶺南建設			589	589	
⑯漢陽	495			495	
계	1,356	2,695	2,971	7,022	

※번호는 지도의 위치표시

貿易展示場·外交機關 유치

26만평 호수공원 綠地공간 최대
中小型아파트·단독에 많은 비중
지하철 3호선 연장驛 5곳 건설

最高 113만원

盆唐·一山주민 "신도시반대" 농성

鐵道막아 열차

汶山~開城도로등 연결
南北 공동우체국 설치

南北 직결 철도·도로 북구 정도

南北 공동우체국 설치

남북교역 도시로 개발

인구 10만명 新市 건설

統一동산·自由路건설

제3국어 힘조 貿易航 南北교투 전진기

京元線 仁川~南浦 東海~元山

政府 내달 對話재개 대비 「3 通협정」試案 마련

개발熟氣 뜨거운 首都圈

汶山~開城도로등 연결
南北 공동우체국 설치

남북교역 도시로 개발

인구 10만명 新市 건설

統一동산·自由路건설

"제2토지公槪念 도

文경제 수석 **강력한 投機억제책**

林野거래 다시 꿈틀

中央그래픽뉴스

각국의 垈地 사정비교

29,700명 4,100명 28,800명 22,400명 8,700명

6.0% 서독(85년) 15.0% 싱가포르(82년) 대만(86년) 1.9% 한국(88년) 1.9% 일본(87년) 4.1%

범례 垈地면적을 인구밀도 (평/㎞)

국토 면적대비 垈地면적比率(%)

韓國人 1인당 평균 垈地면적은 13坪

우리나라의 垈地(宅地)면적은 國土면적의 1.9%에 불과한 천 8백79평방㎞로, 즉 國土면적중 실제 집을 짓고 살수있는 으로는 1평방㎞(30만坪)안에 2만2천 4백명이 사는 셈이 동상 國土대비 인구밀도(88년 4 백23명)보다 무려 53배나 진다. 싱가포르의 경우는 垈地비율은 높으나 인구밀도로는 되보다 며욱 사정이 나쁜 편이며 비교대상국 가운데서 서독5 垈사정이 가장 좋은것으로 ...

資料提供·朴相鉉記

부동산 이야기

土地課標 평균 62% 인상

분할판매·값조작 여전

高速道 잇단착공 영향

도시인 農村땅 계속 집

집값의

년기준 총 **46만정보 非農家보**

눈부신 한반도 시대!

온다……. 내일이면 70년간 닫혔던 통천의 문이 열리고,

우리들 소원이 제1관문, 한반도 중심 연천으로 온다.

심장이 요동치고, 가슴 저미어 눈물이 난다.

얼마나 힘들게 기다려 왔던가.

내 가족!

어린아이처럼 그냥 좋다. 가족이기에 많이 싸우기도 했다.

밤새 무슨 그림을 그릴까?

눈이 부신 긴~ 하얀 도화지에.

– 통일성주 차길제

제6장

30년 전 과거에서
오늘의 빈부를 배우다

30년 전 과거에서 오늘의 빈부를 배우다

딱 30년 전인 1989년 서울 인구가 너무 많아(이때, 30년 전인 1958년 서울 인구가 200만 명, 30년이 지난 1989년 서울 인구는 1천 1백만 명에 육박) 인구 분산 차원에서 5개 신도시 개발을 발표하였다. 분당, 일산, 평촌, 산본, 중동에 주택 200만 호를 짓겠다는 것. 이 내용은 서울 수도권이 그만큼 커진다는 뜻이기도 하다. 이 내용이 발표되는 동시에 발 빠른 국내 건설회사와 기업, 정부의 실세들, 기타 부자들까지 신도시로 이어지는 그 주변 땅들을 무참히 사들였다(즉 큰손투기).

세상의 앞일 모르는 일반국민들은 땅값 조금 더 올려주는 맛에 죄다 팔고, 그때 땅을 쓸어 담은 사람들은 이미 일본, 영국, 미국까지 그 나라의 수도가 복잡해지면 외곽에 신도시를 개발하고 수도권이 확대되는 걸 먼저 보았고, 그 이후 필연적으로 땅 투기가 만연한다는 걸 미리 보고 알았다.

그렇게 하여 개발이 되고 길이 나면서 땅값은 천정부지로 올라 오늘날 재벌이 되고 빈부가 갈린 것이다. 우리보다 십 수 년 뒤처진 중국이 그러했고, 우리보다 30년 뒤따라 오고 있는 베트남이 지금 그때 우리처럼 똑같은 일이 벌어지고 있다. 베트남과 미얀마, 캄보디아 큰손들은 우리의 과거를 먼저 보았고, 도시가 팽창하면서 몇 배로 커지는 걸 알고 있어 도시의 중심부로 시작하여 외곽 싼 땅들을 싹쓸이하여 천문학적인 부를 만들어내고 있다.

반대로 열심히 일만 하는 대다수 국민들은 딴 세상으로 변하여 가는 줄 모른다. 한 달에 겨우 몇 십만 원으로 알뜰히 살아간다.

세상은 너무 빨리 변해가고, 땅값은 하늘 높은 줄 모르고 뛰며 날아간다. 돈 가치는 반대로 뚝뚝 떨어진다. 그래서 빈부는 점점 벌어지게 된다. 이 시점에서 필자에게 "세상모르고 살아온 과거는 인정하고, 앞으로 이 땅에 부를 가를 또 다른 기회는 영영 없다는 말이냐?"

고 묻는다면 딱 한 곳, 신이 남겨놓은 보물 땅, 남북한 중심부 접경지역을 자신 있게 추천한다. 어차피 남한 전 국토가 다 올라버렸다. 그러나 이 접경지역은 상대적으로 완전 헐값으로 남아 있다. 이유는 남북의 대치로 그렇게 선택받지 못하고 흘러왔기 때문이다.

이제는 60년 묵힌 이 지역도 이미 큰손들이 많은 땅을 사둔 걸로 알고 있다.

우리들이 아무 생각 없이 사는 어느 날, 무거운 접경지역을 막고 있는 철 대문이 열리는 소리만 들려도 이 지역 땅 한 평도 살 수 없는 그림의 떡이요 '닭 쫓던 개 지붕 쳐다보는 꼴'이 된다.

당신의 인생 터닝 포인트는 지금 여기서 시작함이 어떨까?

그 시절 매스컴에 오르내린 내용들에서 부자가 되는 방법을 배우자

아파트 분양가에 상한선이란 규제가 나온 것은 1978년 하반기였는데, 그때 평당 70만 원부터 가격동결은 시작됐다. 1977년 서울지역의 아파트분양가는 전용면적 85m²(25.7평) 이하의 국민주택이 평당 45만 원, 국민주택 이상이 평당 48만 5천원이었다.

이때만 해도 분양을 하려면 20%의 건축공정이 지나야 가능해 연말이 지나 1978년 2월에 첫 분양아파트가 나왔다. 주택청약 예금제가 시작된 것도 이때의 일이다. 국민주택의 경우 평당 48만 원으로 시작된 분양가는 6월에 67만 원, 5개월 만에 40%나 치솟았다. 이처럼 빠른 속도로 분양가격이 오르다 보니 새 아파트에 서로 먼저 당첨되기 위해 시중의 돈이 주택청약예금창구로 몰려드는 진풍경이 벌어졌다.

1978년 초만 해도 강남 서초동 아파트 지구의 땅값은 평당 15만 원 선에 지나지 않았다. 그러면서도 분양가격이 거의 아파트마다 하루가 다르게 매겨진 데는 그만한 이유가 있다. 단지 기반시설, 도로는 물론 학교부지까지 주택업체가 떠맡아야 했다. 그러나 아파트 분양가격은 단지 입주자 부담에서 그치지 않는다.

아파트의 원가가 오르는 이유는 주택시장 영향이라고 볼 수 있고, 기타 광고 등이라고 본다. 특히 주택이 아파트 등 공동주택화되면서 최후에 나타난 분양가는 엄청난 위력을 발휘한다는 것(태풍의 눈)으로 떠올랐다. 더구나 일본과는 달리 우리의 새 아파트는 값이 가장 싼 주택이라는 데서 기존 주택의 가격을 움직이게 하는 화약고 구실을 해왔다.

그러나 83년 이후 국민주택 채권입찰제의 주택매입자는 또 하나의 원가를 갖게 됐다. 종래의 원가와는 달리 채권입찰제가 흡수하는 일 명 제2 분양가격은 주택수급 사정과 개인의 심리가 함께 작용하고 있다는 데 문제의 심각성이 있다. 서울지역에서 배(아파트 분양가)보다 배꼽(채권입찰액)이 더 큰 아파트까지 출현했다. 채권액을 더한 실질적인 분양가격 역시 그 특정 아파트에서만 그치지 않는다는 것은 너무나도 자명한 사실이다.

지난 4월 서울지역에서 일어난 광란의 집값파동은 이런 배경에서 직접적인 이유를 찾을 수 있다. 깜짝 놀랄 만한 조치라는 예고에 이어 나온 분당·일산신도시 개발발표는 오는 11월 첫 분양이 나오기도 전에 벌써 두 가지 기여를 했다. 첫 번째는 땅값 상승이며, 둘째는 분양가격의 인상이다. 당초 집을 지을 수 있는 신도시 지역의 평당 땅값이 분당 80만 원, 일산 70만 원으로 발표되자 수도권지역에서 아파트를 지을 수 있는 지역의 땅값이 요동을 쳤다. 그러나 분당의 신도시 택지 선분양가격은 평당 110만 원 선으로 또 다시 올랐다. 신도시에서 분양 미달이 누적되면 분양가 상한선을 풀겠다는 정부의 약속도 신도시 1차 분양이 나오기 전에 깨져 버렸다.

폭등하는 집값을 낮추기 위해 응급조치로 나온 4. 27. 신도시 건설 발표 때나 이번 분양가 자율화 조치 때나 국민을 납득시키는 사과는 없었다.

회사원 B씨는 어느 날 자청해서 회사동료들에게 술을 샀다. 그달치의 월급에 해당하는 금액을. 다음날 동료들이 궁금하여 사연을 물어 보았다. B씨의 대답인즉 땅에 한 번 손을 댔더니 1천만 원을 남겼다는 것. 지금부터 10년 전의 1천만 원은 봉급생활자라면 퇴직금에서나 만져 볼 수 있는 큰돈이었다. 술잔치를 치른 후 B씨는 며칠 못 가 사표를 냈다. 그가 주재한 회식은 결국 송별회가 되어버렸다.

봉급생활로 10년 동안 더하기 하느니 차라리 10년에 한 번이라도 곱하기를 하는 편이 낫다는 것이 부동산에서 맛을 본 그의 퇴사이유였다.

주부 A씨는 모임에 나갔다가 돈을 벌었다는 친구들의 성공담에 기가 죽어 집으로 돌아왔다. 그녀는 친구들이 자랑 속에 흘린 기법을 되새기며 딱 한 번 모험을 하기로 결심했다.

마침 남편도 먼데 가 있어 기회도 좋았다.

남편이 돌아와 재산증식이란 의외의 선물에 놀라는 얼굴을 그리며 A 주부는 살고 있던 집을 팔았다. 그 돈을 그녀는 프리미엄이 잔뜩 붙어있는 분양된 지 얼마 안 된 아파트와 단독주택 한 채를 계약하는 데 몽땅 쏟아 넣었다. 남들처럼 중도금, 잔금 없이 미등기전매로 한 몫을 잡자는 것이 그녀의 곱하기 공식이었다.

그러나 며칠 후 8. 8. 부동산투기억제책(1978년)이 발표되면서 부동산시장은 싸늘하게 식어갔다. 일부 공사 중인 아파트에서 프리미엄이 날아가고 계약금까지 마이너스 현상이 일어난 것은 이때가 처음이다. A 여인이 회수한 돈은 계약상태의 아파트를 처분하고 남은 계약금 일부에 지나지 않았다. 집 판 돈이 겨우 방 한 칸의 전세값 정도로 쪼그라든 것이다. (곱하기)로 재산을 부풀리려다 (나누기)를 당한 꼴이 됐다.

그 후 한동안 A 여인은 거래했던 복덕방에 와서 신세타령을 하며 울다가곤 했다.

곱하기가 소수와 만나면 숫자는 줄어들기 마련이다. 그러나 대부분의 사람들은 곱하기의 성공담에만 도취돼 있다. 이러한 현상은 10년을 큰 주기로 찾아온 부동산 과열경기가 '호경기를 타지 못하면 낙오된다.'는 초조함을 모두에게 심어줬기 때문일 것이다.

부동산을 곱하기 공식의 대표적인 상품으로 여기게 된 사례는 주택가에서도 흔히 볼 수 있었다.

지난 1977년 분양한 서울 반포동 주공아파트의 경우 가장 작은 16

평형은 분양가격이 융자까지 합쳐도 6백만 원이 채 못 됐다. 그러나 1년 뒤 입주할 무렵인 여름철에는 분양가 앞에 (1)자가 붙어 시세가 형성됐다. 분양 낙첨된 사람은 1천만 원이 날아간 것으로 가슴이 아팠을 것이다.

지난 1986년 말에 분양해 작년 4월 말부터 입주를 시작한 서울 서초동의 삼풍아파트는 아직까지 최다기록을 보유하고 있다. 분양가격 총액 1천4백, 18억 원(2천3백90가구), 국민주택채권액 5백87억 원이 그 기록들이다.

국민주택 이상이 평당 1백33만 원에 분양된 아파트는 입주시점에는 평당 가격이 4백만 원 전후까지 치솟았다. 여기서 한 자릿수 증가는 억대. 서민들은 꿈도 못 꾸는 가격대로 대도시 근로자 소득으로는 그림의 떡. 빈부의 차이는 이렇게 시작됐다.

(그때 경제신문 투자 편에서)

해외 : 북경은 주택난, 동경은 땅값 광란, 빈부의 갈림길

　중국의 북경은 3평 정도 넓이의 방 한 칸에 한 세대가 모여 사는 시민들이 태반일 정도로 극심한 주택난에 시달리고 있다고. 번듯한 도로변에 줄지어 들어서고 있는 초고층 아파트는 대부분 정부 관리들이 독점하고 있는 반면, 악취가 밴 뒷골목 좌우로 쓰러질 듯 세워져 있는 초라한 가옥들에는 아직도 대다수 시민들이 비좁은 주거생활에 시달리고 있다는 것. 북경의 주택난이 얼마나 심각한가는 최근 수년간의 건설재원 부족에도 불구, 매년 10억 원을 아파트 건설에 쏟아 부었는데도 주택난 해소에는 조족지혈이라는 주택관계자들의 자조 섞인 지적에서도 잘 나타난다.

　중국의 국가통계국이 내놓은 자료에 따르면 지난해 말 현재 북경의

1인당 주거면적은 전국 평균면적의 1.26평을 훨씬 초과하는 2.26평이지만 아직도 2~3평짜리 방 한 칸을 쪼개 부모와 아들, 며느리와 함께 사용하는 집이 많을 정도로 주택난이 심각하다는 것.

북경의 주택난이 가중되는 이유 중 가장 큰 것은 급격한 인구 유입.

지난 49년 2백 50만 명이던 인구가 1980년대 들어 1천만 명으로 늘어난 데다 최근 수 년 사이에는 연간 북경 출생인구 8만~9만 명 외에 5만~6만 명의 농촌인구가 유입되고 있어 한 해 9만 가구에 불과한 북경당국의 주택건설 능력으로는 인구증가를 도저히 감당할 수 없다고.

서울과 같은 전셋집이 있기는 하지만 3평짜리 방 하나 월세가 40~50원씩이나 돼 대졸 초임이 2백원 정도인 월급으로는 엄두도 낼 수 없다는 것.

북경의 이 같은 주택난을 가중시키는 원인 가운데 하나는 정부 관리들이 주택분양 과정에서 독과점을 행사하고 있기 때문. 북경의 한 주택관계자는 시내에서 쉽게 볼 수 있는 초고층아파트도 자세히 들여다보면 빈 아파트가 의외로 많다며, 이는 특권층이 몇 가구씩의 아파트를 편법으로 분양받은 뒤 입주하지 않고 있기 때문이라고 귀띔.

현재 중국에서는 주택 분배의 등급이 엄격히 규정돼 있어 부장급(장관)의 경우 36평, 국장급은 30평, 차관급은 24평까지 30년 근속한 일반노동자가 최고 24평까지 아파트를 받을 수 있다. 그러나 상당수 관료들은 한 부부가 아파트 한 가구만을 분배받을 수 있다는 규정을 어기고 권력을 이용, 무주택증명을 허위로 꾸미거나 부인 또는 자식 명의로 2~3가구의 아파트를 불법으로 챙기고 있다는 것. 북경의 한 시민은 원래 대졸자와 고졸자가 직장에 들어가 5년과 10년이 각각 지나면 침실 1개, 부엌, 현관이 딸린 9평의 아파트를 분배받을 수 있도록 돼 있으나 이들 관료들의 독식으로 일반인들의 주택 배급이 갈수록 어려워지고 있다며 시내 곳곳의 초고층아파트들은 사실상 이들의 전유물이자 개방정책 이후 빈부격차를 상징적으로 보여주는 건물들이라고 주장한다.

일본 : 땅값의 폭등을 설명하는 이론으로 가장 설득력 있는 것으로 여겨지는 버블이론, 거품이론은 일본 동경의 토지가격 폭등에 더없이 적절한 해석방법이 되고 있다. 다시 말해 일본 동경의 땅값 폭등은 그

자체 가치가 그만큼 상승했다기보다는 맥주컵 속의 거품과 같이 땅값이 실질가치보다 지나치게 과대평가되고 있다는 지적, 특히 일본에서 오랫동안 거주하며 땅값 광란을 경험하고 있는 외국인 경제학자들은 대부분 버블이론 주창자들이다.

이들 동경의 외국인 경제학자들은 우선 동경의 땅값 상승이 일본은행으로부터 막대한 신용을 창출, 엄청난 자본을 증가시키고 있다고 주장하고 있다.

일본의 은행들은 기업들이 토지를 담보로 대출을 요구할 경우에 현 시가의 80% 수준까지 낮은 이자율로 대출해 주는 것을 당연시하고 있으며, 이는 기업체들의 토지 매입을 촉진시키고 있다. 이 같은 기업체들의 토지담보 확보 경쟁은 동경 도심과 같은 담보력 높은 땅으로 집중돼 또 다시 땅값 폭등을 유발시키고 있다는 주장.

동경 땅값 폭등의 순환 고리는 결국 도로확장 등 공공시설 투자를 불가능하게 만들고 있다. 동경에서 시행하고 있는 공공사업의 80% 이상이 토지매입에 소요되고 있어 민간기업들을 끌어들이지 않고는 해안매립, 공항시설 확장과 같은 시 외곽의 토지마저 어려운 형편이라는 것, 일본의 외국 경제학자들은 특히 동경의 막대한 토지시장을 쥐고 있는 기업들이 동경시내 부동산 매각 자금으로 미국, 영국, 프랑스 등 세계 곳곳에 토지투기 바람을 일으키고 있다고 지적.

기업들은 자체 경제뿐만 아니라 세계경제에까지 더욱 큰 악영향을 끼치게 될 것이라고 주장하고 있다.

과거에서 현재를 배우다
– 땅이 부자를 만든다

인구가 이렇게 폭발적으로 불어나고 도시가 급팽창하면 투기는 필연이다(지금은 베트남이 이행국이다).

1989년 분당과 일산에 신도시를 건설한다는 발표, 이곳에 신도시가 건설되는 이유는 딱 한 가지. 이들이 서울권에 들어갈 수 있을 만큼 가까운 거리에 있다는 점 이외에는 다른 이유가 없다. 그러니까 신도시의 건설이라고 하지만 단순히 서울을 확대시키는 일과 다름이 없다. 사는 집에 식구가 불어나거나 살림이 좀 나아지면 집을 이어내 짓듯이 서울 이어내기를 하자는 것이다.

이렇게 되면 서울은 자꾸 커진다. 1958년에 남한의 총 인구는 2천2백만 명이었고, 서울특별시의 인구는 1백76만이었다. 그로부터 30

년이 지난 지금 남한의 총 인구는 4천2백59만 명으로 늘어났고, 서울의 인구는 1천28만 명으로 늘어났다.

남한의 총 인구가 약 배로 불어나는 사이에 서울 인구는 6배로 불어났다.

행정구역으로 보아서 그렇지 서울은 이미 서울특별시만이 아니라 수도권 전체를 포함하는 개념으로 바뀌었다. 이렇게 본 서울권의 인구는 1988년 말로 1천7백만 명을 헤아린다. 이 30년 동안 서울권의 인구는 10배로 불어난 것이다.

나라 전체로 30년 동안에 10배로 되었다는 것은 하나의 절실한 한계상황이다.

예측에 따르면 2000년대에 들어서면 남한 인구의 절반이 서울권에 모일 것이라고 한다. 이러한 단편적인 수도권 인구 집중문제 때문에 정부는 우선 인구의 지방 분산을 유도할 목적으로 서울의 주택공급을 더 이상 추진하지 않겠다는 정책을 내비쳤었다. 순진하게도 서울의 주택공급을 중단하면 인구의 서울 집중이 멈출 것이라고 기대하였던 모양이다. 이것이 서울의 아파트를 위시한 주택 값을 일순간에 광적으로 뛰어오르게 하였다. 여기에 놀란 건설부는 이번에는 아파트 공급시세를 현실화하겠다고 나섰다. 물론 현실화란 것은 값을 올리겠다는 말의 동의어에 불과하다. 그렇게 되니까 아파트 값은 기름을 부은 것같이 더욱 타올랐다. 아파트 값은 아파트 짓는 건설 의욕만으로 되는 것이 아니다.

땅값을 포함해야 한다. 그런데 서울에는 아파트를 지을 땅이 없다.

아파트 수요자와 투기가들은 다시 한 번 더 고지식하기만 한 꾀를 냈던 정부 내의 경제전문가들보다 보는 눈이 넓었다. 이렇게 되자 정부는 아파트 공급가격 현실화를 포기한다고 선언하였다. 이러한 엎치락뒤치락을 거쳐서 성남, 고양의 서울권 이어내기 발표가 나왔다. 그렇게 되니까 일단 물 건너 간 것은 수도권비대억제정책이다. 수도권의 비대화억제를 포기한 대신 차라리 방향을 180도 돌려서 거꾸로 수도권의 확장을 추진하겠다는 것이 이번 발표의 참모습이다. 수도권의 주택, 교통, 교육, 문화시설을 양성화하고 확대하자는 것이다. 이것은 수도권에 집중되는 주거 및 문화 수요에 대응하는 한 가지 방도이기는 하다. 도대시 비대화 문제는 풀기 어려운 게 사실이다.

앞으로 문제는 신도시 건설에 투기가 판을 치는 것을 막는 것과 새로 건설되는 신도시의 교통 등 제안시설이 완벽한 현대적인 변모를 갖추는 것이다.

부동산의 최고는 땅이다

지난날 우리는 거의 주기적으로 부동산투기에 시달려 왔고, 부동산 투기는 국가경제를 혼란시키고 계층 간 소득분배 구조를 왜곡시켜 갖가지 피해를 끼쳤다.

부동산투기를 못 잡는 것인가 안 잡는 것인가, 의문이 생긴다.

땅은 어느 정도 재산을 가진 일부계층의 전유물임을 감안할 때 정작 투기로부터의 보호에서 우선순위를 꼽는다면 주택은 당연히 첫 번째가 돼야 할 것이다.

올 들어 주택이 낳은 17명의 희생자는 오르는 전세가 원인이었지 땅을 못 샀기 때문이 아니다. 땅의 일부가 주택의 원료로 쓰이는 만큼 장기적으로 땅 안정이 꼭 필요하다.

집값이나 땅값 중 어느 곳이든 관심의 대상이다. 집보다 땅을 먼저 물어보는 사람은 부동산에 관한한 한 수 위에 있는 것은 거의 틀림없다. 과연 앞으로 땅값은 어떻게 변할까. 명확한 답을 내리기는 불가능하다. 우리나라 인구밀도가 방글라데시, 대만에 이어 세계 3위라는 사실만으로 땅을 가늠해 볼 수 있다.

우리나라 사람들치고 부동산 박사 아닌 사람들이 있나 싶다. 학위는 없지만 이론은 죄다 박사다. 길게는 10년, 짧게는 5년을 주기로 찾아오는 호황이 불특정 다수에게 투기교육을 철저하게 시킨 것이다. 투기의 결과에 따라서는 어느 재산증식방법보다 쉽게 그리고 높은 수익이 실현됐다. 부동산은 남의 재산 추월은 물론 앞 세대를 따라잡는 지름길로 여길 정도로 다양한 매력을 지닌 상품으로 자리를 굳혀 놓았다. 과거 70년대 일부 층이 과점했던 투기수법도 거듭되는 부동산 열풍으로 지금에 와서는 일반화되다시피 보급됐다. 이 땅의 투기심리가 너무 골이 깊게 패어있다. 땅값이 뛰고 집값이 치솟고 나면 뒤늦게 허둥대지 말고 부동산시장을 어떻게 하면 안정시킬 것인지 지혜가 필요하다.

• 대만 집값 폭등 혼쭐……

대만도 집값 폭등을 겪은 후 심각한 후유증에 시달리고 있다. 지난 1986년 말부터 시작된 집값 폭등은 지난 1973년과 1979년에 이어 이번이 3번째다. 1986년 말 7백선이던 타이베이의 주택가격지수가 1988년 말에는 1천8백50까지 치솟았다.

1987년 초까지 환율 변화로 인해 자금 유입이 늘었다. 오랜 부동산 침체 후의 반작용으로 주택을 비롯한 부동산시장으로 돈이 몰렸다. 1988년 한 해 동안 주택 매매율이 90% 이상으로 유지되는 사상 최고수준을 기록했다. 은행의 낮은 이자율도 부동산 투자를 부추기는 원인이 됐다. 이 같은 집값 폭등의 배경에는 '부는 땅으로부터 온다.'는 전통적인 믿음의 영향도 컸다. 또 상대적으로 다른 투자 기회가 거의 없어 일반인은 무조건 집이나 땅을 사려는 경향을 보이고 있다.

대만 주택보급률은 70% 이상이고 주택융자 받기가 어려운 대신 계획단계에서 미리 계약을 하고 분할납부 방식으로 집을 선매할 수 있다.

주택시장에 나와 있는 90% 이상이 민간부문에서 공급된 것이다.

대만은 1988년 집값 폭등을 겪고 나서 도심에 주택개발을 본격화했다.

자세히 보라. 부자는 이렇게 탄생한다

작년 1월 완공, 영업을 시작한 서울 서초구 J유통센터는 4백37억 원의 사업비가 들었다. 그러나 공사가 시작된 지난 1983년 이후 5년 사이에 땅값이 엄청나게 올라 모두 5백24억 원의 개발이익이 발생한 것으로 분석된다.

땅값 상승분에서 총사업비를 빼고도 5백24억 원을 남겼다는 얘기다. 최근 신도시 건설이 추진되고 있는 분당 주변에 재벌기업들이 대규모 임야를 소유하고 있는 사실이 드러났었다. 특히 분당 신도시 건설지역의 인접지역에 60여 만 평의 임야를 보유해 화제가 됐던 변호사 곽○○ 씨의 경우 땅값이 최소 평당 10만 원 씩만 더 올라도 6백억 원을 앉아서 벌게 되는 셈이다. 곽 씨의 경우처럼 생산 활동을 통하지 않고 땅만 사두어 막대한 불로소득을 얻을 수 있는 사회는 결코 바람직한 사회가 아니다.

비좁은 국토에서 개발에 의한 땅값 상승으로 개발하는 막대한 개발이익이 그대로 사유화되는 상태에서는 누구나가 생산이나 근로보다는 투기에 의한 돈벌이에 관심을 갖게 되며 근로자들의 노동의욕 저하는 사회전반의 무력감과 함께 계층 간 갈등을 야기하게 마련이다. 개발이익 환수제는 이처럼 땅값 상승으로 발생하는 이익을 사회로 환원시키자는 것이다.

이 제도는 부의 형평 배분, 부동산투기에 대한 근원적인 규제, 땅값 안정이라는 목표를 동시에 추구하고 있다고 하겠다. J유통센터처럼 정부의 개발사업 허가를 받아 개발을 한 사업시행자에게 개발이익 중 일부를 징수하는 것이 개발 부담금이고, 곽 씨처럼 개발지역 주변에 땅을 소유해 이익을 본 사람에게 부과되는 것이 개발이익세다.

투기는 세계적인 현상이다

• 천정부지 아파트 값, 보통사람 내 집 마련 꿈은 언제

요즘 우리 앞에 닥친 정치, 경제, 사회 등 모든 분야의 상황은 오늘을 살아가는 우리를 지극히 불안과 낭패에 휩싸이게 하고 있다. 그러한 상황 중에서도 가장 염려스럽고 걱정스러운 것은 아파트 값이 치솟고 부동산 등 투기다.

부동산투기야말로 이 시대를 정직하게 살아가려는 보통사람들의 성실한 생활 자세와 소박한 꿈을 짓밟는 사회의 독버섯일 뿐 아니라 국가사회의 경제운용 면에서 백해무익의 악영향을 미치는 것이 아닐수 없다.

그러함에도 불구하고 사회적으로 계층 간의 위화감만을 빚게 하고 경제적으로 폐해가 심한 부동산투기가 신정되기는커녕 날로 위세를 더해 강남지역의 고급아파트 가격이 평당 8~9백만 원대에 이르러 1천만 원대를 육박했다.

이 같은 고급아파트 값의 급등은 중산층 주택과 변두리아파트에까지 여파를 미쳐 부동산값을 전반적으로 부추기고 있다는 것이다. 아파트 가격의 폭동 현상은 정부당국의 파행적인 주택정책과 이른바 8학군 병에 따르는 강남집 풍조의 결과로 지적되고 있다. 자본주의경제체제에서 가격의 형성은 공급과 수요의 상관관계에 따른다고 하겠지만 최근의 아파트와 골프회원의 동기현상은 삶의 가장 기본을 이루는 주제와 삶의 질을 보다 풍요롭게 하는 복지가 투기의 대상이 되었다는 점에 문제점이 있을 뿐 아니라 그러한 투기가 경제적인 차원이 아니라 경제 외적인 차원에 의해 조장되고 있다는 점에 문제의 심각성이 더하다고 하지 않을 수 없다.

폭등현상을 빚고 있는 강남의 아파트지역은 타 지역에 비해 폭등하는 가격만큼 주거환경이 좋은가. 강남지역의 주거환경이 좋아서 그

지역의 아파트 가격이 폭등한다면 정부는 타 지역의 주거환경을 강남 수준으로 끌어 올리는 데 주력해야 할 것이고, 가격 폭등의 요인이 다른 측면에 있다면 정부는 요인규명과 근본대책을 세워야 한다.

아파트 값 폭등의 가장 큰 피해자는 성실히 바르게 사는 사람, 소박한 내 집 마련 꿈을 결국 가진 자에 대한 못가진 자의 적개심과 위화감으로 발전할 위험이 크며, 그렇게 될 경우 엄청난 반작용을 몰고 올 것은 너무도 분명하다. 아파트 값의 폭등이 소유주에게 당장 재산상의 현금 이득을 안겨주기는 하지만, 투기 아닌 주거 목적의 소유주는 어차피 주거공간의 확보를 필요로 하므로 별다른 이득을 안겨주지 못한다.

아파트 값의 폭등은 결국 투기꾼들의 배만 불리게 하고 만다.

아파트 투기시대, 영국, 프랑스, 일본을 보자

세계의 대도시는 인구의 과밀화 현상으로 환경, 교통, 주택문제 등으로 중병을 앓고 있다.

이 같은 대도시 문제를 해결하기 위한 분산정책으로 신도시계획이 추진돼 왔다.

영국은 2차 세계대전이 끝난 직후 런던 주변에 본격적으로 신도시를 건설하기 시작했다.

일본은 지난 1970년대 중반 거대도시 동경을 수술하고 오일쇼크로 침체된 내수경기를 진작시키기 위해 인구 55만 명의 행정도시 건설을 구상한 적이 있다.

나라별로 신도시의 건설시기 기능 등에 차이를 보이고 있지만 신도시 건설이 대도시 문제를 완벽하게 해결해 주는 열쇠는 아니었다.

영국 : 영국은 신도시 개발을 대도시권의 인구 분산 수단으로 도입했다. 영국의 지역개발 정책은 런던과 주변지역에 대한 인구집중과 고용증대의 억제, 북부의 침체된 지역을 개발, 런던과 같은 대도시의 성장패턴을 변경시켜 나간다는 세 가지의 목적으로 추진됐다. 영국은 그린벨트를 설정해 런던의 팽창을 물리적으로 막고 공장을 지방으로 이전시켜 지역 간의 균형발전을 이루려고 노력해 왔다. 신도시 계획도 직장을 주거와 함께 대도시로부터 분리시켜 이곳에 교육, 문화, 종교시설은 물론 일상생활에 필요한 모든 시설을 갖추는 자급자족적인 생활권을 만드는 데 주안점이 주어졌다.

우선 지난 1944년 대런던계획에 의해 런던 주변 32~56km 사이에 인구 5만 수용 규모의 신도시 8개가 계획됐다. 1946년에 신도시건설법과 도시계획법 등의 법적 뒷받침이 이뤄지면서 정부 주도로 신도시건설이 시작됐다(여기서 현재 우리 주변을 보자. 한국은 5개 신도시를 시작으로 2차, 3차 신도시까지 진행되고 있고, 중국은 큰 도시마다 신도시가 만들어졌고, 베트남까지 한창 신도시를 만들고 있다. 결론은 도시가 넓어진다는 뜻이고 도시 주변으로 부동산투기가 집중으로 일어날 수밖에 없다는 것). 1950년까지 5년 동안 14개의 신도시가 건설됐다. 지금까지 건설된 신도시는 잉글랜드에 19개 등 모두 30개에 달하고 있다. 그러나 신도시에 의한 분산정책이 계속되면서 런던 등 기존 대도시의 환경이 악화돼 현재는 도시정책의 중점이 신도시 건설에서 기존 도시의 활성화로 옮겨지고 있다.

프랑스 : 파리권의 농촌지역을 파괴하지 않으면서 외곽지역에 매년 7천5백 가구씩 집을 지어나가는 신중한 방식을 채택했다. 장기적으로는 파리의 인구를 1천만 명 미만으로 안착시키기 위해 도심에서 1백~1백50km 지점에 크러레망 등 10개 도시를 개발해 나가고 있다. 파리의 기능 분산을 위해 5백m² 이상의 공장신축 또는 증설을 막고 지난 1955년 이후에는 사무실도 5백m² 이상이면 제한했다. 대학도 40~50km 떨어진 곳으로 이전, 간선도로변인 구상빌 세부랑 등에 베드타운을 신설했고, 40~50km 범위 내의 기존 도시를 크게 확장시켜 나가고 있다. 이밖에 파리권역에 새로운 도시 핵을 선정, 기능을 분담시키는 부심개발방식을 채택한 점이 특징이다.

일본 : 동경 동북 등의 뉴타운 건설계획이 추진돼 왔으나 이들 신도

시는 베드타운의 성격이 짙어 미국과 영국의 자급자족형과 대조를 보이고 있다.

최근에는 대도시인 동경을 뉴타운권으로 재건축하는 움직임이 일고 있다.

제3차 전국종합개발계획에는 동경을 세계 속의 국제도시로 키워나간다는 구상이다.

지금 대한민국은 '베이커리카페' 천국

평일, 요즘 유행하는 명태조림 점심식대가 11,000원, 새로 오픈한 베이커리카페를 들려 커피 한 잔과 빵 한 조각이 8,000원, 결과적으로 점심 한 끼 값이 19,000원이다.

지금 대한민국은 대부분 이런 식이다. 실제 대부분 수익은 점점 줄고 있는데 지출은 이렇게 늘고 있다. 쉽게 지출을 줄이지 못한다.

필자는 유행처럼 생겼다 사라지고 반복되는 업종과 수익구조 변화 등을 관찰하고, 파헤쳐 보는 흥미를 가지고 있다. 필자가 살고 있는 집주변 반경 500m 내, 7년 전에 2~3개에 불과하던 카페와 빵집이 지금은 30~40개 그리고 외곽에 생기는 가게들이 모두 베이커리카페다.

이제 작은 놈은 바로 죽고 '공룡카페'끼리의 전쟁이다. 어제의 외식공간이 카페로, 옛날 공장과 방앗간도 카페로, 식물원과 농장, 대형 상가건물이 통째로 카페로 변신중이다.

반면에 일손이 많이 가는 외식공간은 쇠퇴기에 접어들고 있다. 이들 베이커리카페로 인해 사람들의 몸무게가 늘면서 애·어른 할 것 없이 배가 너무 나오고 있다. 이게 성인병의 시작이겠지.

그렇다면 이 유행이 얼마나 오래 갈까?

아마 한동안은 더 많이 생기리라 본다. 단순한 일이고 시대에 맞다. 그리고 사람 일손이 많이 필요치 않은 사업에, 더구나 깨끗한 장사로 보인다.

　그러나 벌써 보이지 않는 경쟁으로 생기는 속도보다 폐업에 몰려 있는 가게가 훨씬 많다. 즉, 이러지도 저러지도 못하고 문만 열고 있는 가게들이 많은데, 카페는 인테리어와 소품투자, 집기 등으로 막상 재 임대를 놓고 빠져 나가려 해 보면 임차인 찾기가 하늘의 별따기다.

　아직도 이 사업을 좋게 보고 노크중이라면, 이렇게 말해주고 싶다.

　그냥 이 카페 저 카페 손님으로 다닐 때가 가장 좋을 때라고. 막상 해 보면 잠 못 드는 밤이 많을 것이고 '왜 이런 인생길을 택했나?' 후회하게 될 것이다. 이 사업이 보기는 좋지만 먹을 게 별로 없다. 우선 매출이 얼마 안 되기 때문이다.

　동네 작은 카페를 해 보면 하루 100잔 팔기도 어렵다. 즉, 일 매출 30만 원으로 볼 때 점포세와 알바비, 기타 이것저것 빼고 나면 본인 월급이 안 나온다. 빵도 마찬가지. 문제는 재고가 많이 생긴다는 것인데, 한 달 재고로 지출되는 돈이 너무 많다.

　결과적으로 생각보다 막상 해 보면 리스크가 크다. 뒤처리도 쉽지 않다.

　최종 선택은 남다른 경쟁력을 갖춘 뭔가가 있다면 해도 될 것이고, 그냥 이 사업이 하고 싶어서 그저 한다면 아닐 것이다.

통일성카페 차길제

제7장

8가지 투자의 선택

좋은 땅은 어떤 계기만 생기면 올라간다

사람이 모이는 곳은 땅값이 올라가고, 새로운 길이 생겨도 땅값이 올라간다. 또 산업단지나 뭔가 새로운 이야기만 돌아도 땅값은 올라간다. 주식이 많이 올라가면 그 끝에 분명히 집값과 땅값이 올라간다. IMF 때나 리먼브라더스 사태 당시를 기억해보면 생각지도 못한 어떤 돌발적인 계기가 누구는 파산이라는 아픔이, 또 어떤 사람에게는 하늘이 준 기회였음을 깨닫게 된다.

지금 온 세상을 공포로 몰고 가는 코로나19로 대 공항에 직면해 있지만 이 일 또한 지나서 보면 지나온 두 번의 경험처럼 희비가 엇갈릴 것이다. 실패하느냐, 새로운 기회를 잡느냐는 각자의 운에 달렸다. 늘 기회를 잡는 사람은 미리 준비하고 공부하는 자가 잡게 되고, 실패한 사람은 돈 안 되는 외형만 방만하게 키운 사람들일 것이다.

지난 세월을 돌아보면 장사를 하면서 사업은 실패와 성공을 반복했고, 주식 투자는 늘 손해만 안겨주었다. 그리고 아파트 투자는 즐거움을 줬으며, 땅 투자는 필자를 춤추게 하는 에너지를 선물했다. 그래서 누구 말대로 땅은 거짓말하지 않고 황금 같은 것인가 보다. 평생 갖고 싶은 땅을 샀다면 된장처럼 오랜 세월 묵혀야 황금이 된다.

재테크에서 부동산과 주식 투자는 기본방식에서는 똑같은 점이 한 가지 있다. 즉, 둘 다 완전 바닥에서는 살 수 없다는 것이다. IMF 때 부동산이나 주식을 살 사람이 없다보니 끝없이 내려가 주가는 200포인트 언저리까지 내려갔고, 부동산 가격 또한 금리가 천정부지로 올라가니 똥값이 되었다. 그렇게 최저점이 오기 전 3단계로 나눠 매수하고, 부동산 또한 아무도 쳐다보지 않을 때 입지 좋은 급매물을 골라잡아야 한다.

또 한 가지 방법은 바닥을 치고 배 정도 올라왔을 때 공격적으로 부동산과 주식을 사는 것도 좋은 방법이다. 그리고 어느 정도 본인이 생각한 만족스러운 가격이 오면 아쉬움이 남을 때 팔아야지 욕심을 부리다 매도시기를 한 번 놓치면 오랜 기간 묵히게 되고, 주식도 계속 떨어져 원래대로 내려간다.

IMF가 닥칠 때와 2008년 금융위기 때 필자는 주식을 많이 하고 있었고, 부동산도 어느 정도 보유하고 있었다. 그런데 주식은 철저히 망가지다시피 다 털리고 나니 순식간에 1,000포인트까지 올라갔는데 아무것도 모르는 개미들은 철저히 팔아치웠고, 세계적인 투자꾼들은 그때 큰돈을 가지고 들어와 왕창 뽑아먹고 빠지고 나니 재차 400포인트까지 하락한 후 긴 조정을 보였다. 부동산도 결국은 똑같은 형태를 보이고 앞서거니 뒤서거니 할 뿐 급등락을 반복하게 된다.

대한민국 지도 공부와
가치 있는 부동산 답사에 미쳐라

빨리 많은 돈을 벌고 싶으면 취미생활로 우리나라 지도 공부를 하고, 경제신문을 보고, 부동산 답사에 미쳐보라.

이유 불문하고 이대로만 한다면 지금 여웃돈 한 푼이 없는 당신일지라도 10년 내 부자의 대열에 합류하리라 본다. 단언컨대 절대 빈말이 아니다. 이 책을 본 순간부터 앞의 내용을 잘 실천하고, 당장 경매 공부부터 시작하라. 부동산 투자의 기회는 늘 준비하는 자에게 포착된다.

대한민국 부동산 투자 판을 바꿀 미래 유망지 땅은 눈만 크게 뜨면 모두 돈이다. 제일 먼저 차지한 사람만 성공하는 것도 아니고, 제일 늦게 눈치를 챈 사람이 실패만 하는 것도 아니다. 땅에도 돈 되는 임자는 분명 따로 있다. 땅의 본질을 아는 것과 모르는 것은 본인 앞날의 '부의 양극화'를 가르는 분기점이 된다.

 손바닥만 한 대한민국이다 보니 산지나 농지를 다 빼고 나면 앞으로도 계속 좋은 땅 뺏기 전쟁일 수밖에 없다. 제주도에 부동산을 구입한 중국 사람들이 하는 말을 들어보면 남한 땅은 보물이라고 한다. 결국 그 보물을 누가 알아보느냐의 싸움이다.

 필자도 현재 가진 땅은 그렇게 많지는 않지만 30년 부동산 투자 내공을 쌓아왔기에 언제든 더 큰 땅 부자가 될 수 있는 조건을 갖추었다고 생각한다.

 여러분에게 팁 하나를 드리자면 경제신문을 많이 봐야 한다. 이는 재테크 대가들이 한결같이 하는 말이기도 하다. 그리고 중요한 것은 스크랩을 해둬야 한다. 시간이 지나면 쉽게 잊어버리기 때문이다.

 그러나 TV에서 하는 경제뉴스와 유튜브 등은 그냥 흘려버려도 괜찮다. 가짜들이 너무 많은 것이 현실이다. 강남을 비롯한 서울권 빌라 구입 정보에 대해서 많이들 추천하는데 대부분 매입 순간 상투라고 보면 정답이다. 경제신문을 꼼꼼히 잘 챙겨 보면 국내 경제 사정과 부동산 트렌드를 한눈에 알 수 있다. 단, 아주 중요하다고 생각되는 부분은 잘라서 본인의 방 벽면에 붙여두고 수시로 봐야 감각이 살아있게 된다. 지금 필자의 방에도 많은 내용이 붙어 있는데 눈에 띄는 것은 경기 침체 시작으로 '가지고 있는 재산 지키는 게 좋은 투자!', 이런 내용은 미리 암기해두고 실천하기다.

도시가 아니라도 부의 목적은 하나

건강을 챙기며 할 수 있는 여유로운 장사와 재테크는 뭘까?

도심 창업보다 한적한 외곽에서 캠핑장 또는 카페 창업을 하는 사람이 많다. 우선 내 마음대로 꾸미고 여유롭게 경쟁 없이 할 수 있다는 장점이 있다. 주말 나들이객이 많기도 하고 도로 사정과 차량 운행이 많아져 지금의 트렌드에 부합된다. 임대료 문제도 수월하고, 주말에만 열심히 하면 평일은 여유롭게 텃밭도 일구고 취미생활도 가능하다.

그러나 무슨 일이든 장단점이 있기 마련이다. 외곽지역 창업과 전원생활의 장단점을 파헤쳐보자. 앞에서 말한 것처럼 내가 원하는 대로 해볼 수 있다는 점이 가장 큰 장점이다. 주차 문제도 어려움이 없다. 멋진 자리에 예쁜 카페를 차려놓고 차와 음악을 즐기며 내 땅이요. 내 건물 꾸며가는 과정이 행복하다. 시간이 지나면서 땅값도 올라간다면 덤으로 성취감이 크다.

여기서 팁 하나! 외지에다 땅을 사서 식당이나 카페를 준비한다면 분명한 목표가 정해져야 한다. 노련한 사람은 장사 수익보다 땅의 부가가치를 올리는 데 목표를 둘 것이다. 그래서 미래 가치가 있는 땅을 사서 돈 되는 땅을 만들어 가는 것이다.

단점은 외곽에다 식당이나 카페를 창업하면 보기에는 근사하지만 수익 내기는 그리 쉽지 않다는 점이다. 주말장사이고 평일은 놀다시피 한다. 아침과 저녁 손님이 없기 때문에 손님 오는 시간이 짧아 매출이 없다. 처음부터 욕심은 금물이다. 어느 정도 세월이 흘러야 입소문이 나 안정이 된다. 중요한 것은 선택과 집중이다. 그 지역 특산물이나 본인만의 특별한 메뉴 한 가지로 승부를 걸어야만 주기적으로 재방문이 일어난다.

또한 손님이 많아져야 땅값도 올라가게 된다. 외지 창업에서 가장 큰 애로 사항은 직원 구하기도 어렵고, 출퇴근 문제가 있다. 마케팅도 SNS 외 딱히 하기 어렵다. 거주지와 사업장이 함께 있다면 별 문제 없겠지만 주거지가 멀리 떨어져 있다면 관리가 힘들어 장기적으로 볼 때 이사를 해야 한다.

한 지역의 예를 들어보자.

강화도에 창업한 외식 카페의 현황을 보면 입지 좋고, 규모가 크고, 특색이 있는 가게들은 잘 되고, 나머지 어정쩡한 가게들은 죽 쑨다. 이렇게 장사가 안 되는 가게들은 땅값도 제자리 또는 하락했고, 입지 좋고 장사 잘 되는 가게들은 땅값도 많이 올랐다.

반대로 제주도를 보자.

수년 전과 비교해 보면 수많은 밀감 밭이 주택지로 변했고, 좋은 길목이나 바닷가는 온통 카페나 식당이 즐비하다. 실상을 들여다보면 장사는 그리 호황을 누리는 건 아니다. 워낙 관광객이 많이 오기에 그런대로 돌아갈 뿐이다. 물론 초대박 가게들도 많이 생겨났다. 그러나 최근 몇 년간 땅을 구입하여 자신의 건물을 지어 창업을 한 사람들은, 장사에서는 현상유지 정도만 했어도 땅값이 크게 올라 속으로 함박웃음을 짓고 있지 않을까.

이렇듯 투자에 대한 목적의식을 뚜렷하게 갖고 있어야 안심하고 원하는, 여유로운 나만의 장사와 투자, 두 마리 토끼를 잡을 수 있다.

무엇을 하여 부자로 살 수 있을까?
– 땅에 푹 빠져보라

수십 년 동안 서울 수도권에서 살아보니 매일 돈으로 산다. 어떤 사람은 죽자고 열심히 직장 다니고 힘들게 일해도 항상 돈이 없어 쩔쩔맨다. 또 어떤 사람은 늘 돈 걱정 없이 풍족하게 산다. 이유는 뭘까? 부모 재산으로, 아니면 많이 배워서 등으로 생각할 수 있겠지만, 필자가 생각하는 차이는 경제관념 차이이고, 부동산을 아는 사람과 부동산을 모르는 사람의 차이에서 비롯된다. 부동산 투자는 똑똑하고 대단한 사람만 하는 게 아니다. 관심과 기회 포착이고 실행의 차이이다.

일명 시대 흐름에 따라 좋은 기회가 왔다면 이것저것 너무 재지 말고 냅다 질러야 하는데, 손이 작은 사람들은 이유가 많다. 나는 돈이 없다. 단정하고 아예 관심도 안 갖고 포기하고 산다. 바로 그 차이가 부의 차이를 결정한다. 옆에서 이런 사람들을 보면 너무 안타깝다. 필자도 한때 세상만을 원망했지만 저돌적으로 그 속으로 뛰어들어보니 남보다 빨리 경제적인 자유가 따라왔다.

큰 부자들이 생각하는 부동산 투자의 진짜배기는 땅이라고 했다. 땅을 가진 자가 돈을 지배한다. 필자의 나이 30대 중반에 부동산 투자에 푹 빠져들 때 오래된 주택을 사서 수리하여 팔거나 분양아파트 3순위에 청약하여 당첨되면 그 자리에서 얼마의 프리미엄을 받고 파는 방식으로 재미를 봤다. 이 방법으로 맛을 보니 하던 장사는 뒷전이고 그 일에 빠지기 시작했다. 아파트 분양시장과 임대주택까지 파고들어 맛을 본 후 앞뒤 안 보고 더 큰 욕심을 내어 투자했다가 한 방에 다 날리기도 했는데, 그 이후는 재개발, 재건축 딱지에 뛰어들어 조금씩 벌다가 1990년대 중반경 땅 투자에 눈을 돌렸다. 땅은 알면 알수록 무한한 매력이 있었다. 한마디로 필자의 마음을 흥분시키고 춤추게 하는 매력덩어리였다. 물론 다른 좋은 직업으로 돈을 많이 번 사람도 있겠지만 보통 사람들 중 부자로 사는 사람의 대부분은 자나 깨나 돈이 될 만한 부동산에 온통 관심을 두는 사람이 많다.

겨울에 동남아라도 나가 골프를 치고 시원한 저녁에 동반자들과 얘기를 나눠보면 하나같이 부동산으로 재미를 본 사람들이다. 자영업을 하는 사람 중에서도 열심히 하여 여윳돈이 생기면 융자를 받아 부동산에 투자하는 사람은 한참 지나서 보면 자기 건물에서 장사를 하고 있는 예가 많다.

그러나 확실한 필살기가 없이 장사하는 사람은 늘 남의 임대상가에서 장사를 하고 있다. 자영업 하는 사람은 항상 현금을 가지고 있어야 안정적인 계획을 세울 수가 있다. 물론 여윳돈이 생기면 더 좋은 집을 마련해야겠지만 미래에 본인의 상가를 지을 수 있는 땅을 찾아보고, 관심을 집중해야 좋은 결괴를 얻을 수 있다. 사업이 잘되면 이것저것 따지지 말고 미래 가치가 있는 좋은 땅을 사 모으라는 것이다. 그래야 꿈이 현실이 된다.

제주, 평택, 세종 땅이
많은 사람 인생 역전시켰다

요 몇 년 사이 제주도와 평택, 세종 등의 부동산에 투자한 사람과 투자 안 한 사람과의 부의 차이는 실로 크다. 솔직히 이들 지역에 투자 못한 사람들 중 상대적으로 소외감이 들고, 허탈해 하는 사람이 아마 수도 없이 많을 것이다.

수십 년간 대한민국 부동산 흐름을 보면 이유 불문하고 땅을 사야 하는 이유가 있는데, 주변에 어떤 호재만 생겼다 하면 10배, 심지어 100배까지도 올라간다. 살다가 어쩌다 구입한 땅 1필지가 내 삶을 완전히 바꿔놓는다. 이런 일이 한국만 있는 게 아니다. 전 세계적인 현상이다.

최근 10년간 중국 도심 주택 가격을 보라. 상해 같은 곳은 매년 100%씩 올라간 수치가 나온다. 그러다 보니 도심에 살면서 부동산 투자로 재미를 본 사람과 시골 농민공과의 부의 차이는 엄청나다.

등잔 밑이 어둡다고, 필자가 살고 있는 아파트 오는 길목 농지 가격이 4~5년 전에 평당 50만 원하던 땅이 관리 지역으로 바뀌면서 지금은 500만 원 이상으로 10배가 올랐다. 열심히 일해서 빠듯하게 살아가는 보통사람들은 이런 일을 직접 목격하면 의욕 상실증에 걸린다. 그렇다고 이런 물권을 잡아 성공한 사람이 결코 대단한 사람도 아니다. 단지 남보다 먼저 보석을 알아보고 과감히 실행한 사람들일 뿐이다.

여러분도 종자돈을 만들어 눈 크게 뜨고 다니면서 보석이 될 만한 땅을 찾아보길 바란다.

장사하면서 주식 투자

필자는 30대 초반부터 부동산 재테크에 관심이 많았고 주식 투자도 꾸준히 해왔는데, 부동산 투자에는 어느 정도 성공적이었지만 주식 투자는 솔직히 실패만 했다. 그렇다고 주식 공부를 안 한 것도 아니다.

매일 저녁 1시간가량 그날 장을 꼭 점검하고 나름 많은 연구도 해왔다. 평소에 경제뉴스와 경제신문을 꼬박꼬박 챙겨보며 모두 메모와 체크하는 게 몸에 배어 있다. 필자 스스로는 감각도 있다고 보는데, 실전에서는 필자의 생각과는 반대였다.

그나마 수십 년 주식시장에서 죽지 않고 살아남을 수 있었던 것은 부동산에 일정부분 투자를 해 두고 사업자금을 훼손하지 않으면서 여유자금으로만 배팅했기 때문이다. 아무리 좋은 장에서도 풀 배팅은 노(No). 분산투자를 원칙으로 하고 조금이라도 뭔가 이상한 징후가 보이면 즉각 매도했다.

IMF 때 8명의 투자방에서 1사람당 1억 원에서 많게는 55억 원까지 투자를 하고 있었는데, 결국 필자만 살아남고 모두 깡통이 되었다. 펀드매니저, 증권사 지점장 등등 수도 없이 많은 고수들과 함께 주식을 해왔는데 대부분 재산을 다 날리고 지금 초라한 삶을 살아가는 경우를 많이 본다.

그래도 필자는 지금까지도 그 장에서 살아남았다는 사실! 비록 주식 투자에서 성공을 거두지 못하고 실패했지만 큰 그림으로 보면 주식 투자를 하면서 쌓인 경제관념이 내 안에 축적되어 있었다는 점이다. 그래서 경제를 보는 눈도 넓고 밝아졌다. 이것이 결국 사업과 부동산 재테크를 하는 데 도움이 되었다. 살아가면서 이 일 또한 후회하지 않고 운명이라고 생각하는 이유다.

주식 투자를 계속 하는 것은 재미도 있지만 복권을 사는 것과 같은 마음이라고 본다. 복권을 사두면 추첨 결과가 나올 때까지 혹시나 하는 대박의 꿈을 꾼다. 주식 투자도 마찬가지다. 그런 기대로 오랜 세월 해온 것이다. 솔직히 주식을 끊어보려고 수도 없이 노력해봤지만 끊을 수 없었다. '살아있는 마약' 같은 존재가 주식이다.

· 주식을 하는 사람은 본인이 최고인 줄 착각한다

오랫동안 주식을 하고 있는 사람이나 지금 한창 열정적으로 주식에 빠져있는 사람, 앞으로 주식 투자를 생각하는 사람이라면 다음 사례들의 투자 결과를 냉정하게 보고, 판단은 각자 알아서 하길 바란다.

첫 번째 사례

필자와 십 수 년 전에 주식을 함께 한 김 모 펀드라는 사람은 좋은 대학 나오고 머리도 좋은 사람이다. 대기업에서 근무하다 잘 나갈 때 금융으로 뛰어들어 펀드 매니저 생활과 직접 투자자로 변신했다. 종횡무진 주식에 몰입하였고, 선물과 옵션에까지 손을 댔다. 그리고 몇 년 만에 본인 재산과 부모 돈, 친인척 돈, 친구들 돈까지 몽땅 잃고 신용불량자가 되었다.

지금은 택시 운전을 하며 살고 있는데, 그분이 마지막으로 한 말은 "젊은 날에는 내가 제일 똑똑한 줄 알았는데, 지난 후에 보니 내가 제일 바보였다."는 것이다.

두 번째 사례

일산신도시 주엽 역세권에 가면 흉물건물을 철거하고 아파텔 한 동이 들어서고 있다. 그 비밀의 건물주와 필자는 한 방에서 1997년 IMF 터지는 날까지 함께 주식을 했다. 그분은 지방에서 건설, 유통 사업을 하면서 일산 백화점, 지방 백화점 등 여러 곳에 공사를 한창 진행 중이었는데 우연찮게 주식시장에 잠시 들어왔다.

당시 IMF가 온다는 정보는 알았지만 그게 뭔지 몰라 무시하고 매일 같이 매수한 주식이 빠지니까 회사 경리한테 아침마다 은행에서 돈을 찾아오도록 하여 물 타기로 '몰빵'했다. 그러다 IMF가 터지면서 그분은 55억 원이라는 큰돈을 날렸다. 지방 백화점 오픈을 10일

남기고 은행 융자가 중단되면서 부도 처리되었고, 연쇄적으로 주엽동에 짓고 있던 백화점 공사까지 올 스톱되었다. 그 후 모든 자산이 경매 처리되면서 개인 자산 600억 원이 한 방에 날아가고 풍비박산이 났다.

세 번째 사례

TV 주식방송이나 신문을 통해 얼굴이 알려진 박 소장이라는 애널리스트는 좋은 대학 출신으로 25년간 주식전문가로 활동했다. 그러다 수개월 전 몸이 안 좋아 수술 받고 쉬는 중에 설상가상으로 이혼까지 하게 되었다. 깊은 얘기를 들어보니 주식전문가이면서 지금 재산은 빈털터리. 남은 건 망가진 몸뿐이라고 한다.

필자가 마지막으로 "앞으로 주식은 어떻게 될까요?"라고 물으니 그분이 하는 말, "차 사장님, 주식은 사기입니다."라고 했다.

네 번째 사례

필자가 아는 또 한 분은 서울대 경영학과 출신으로 삼성에서 최고 대우를 받고 직장생활을 하던 분이다. 매일 주식 공부를 10시간 이상

하는 그는 글로벌 경제까지 빠삭하게 보고 있다. 컴퓨터도 잘 하고 돈도 많았던 친구인데 주식에 몰입하여 선물과 옵션까지 하다가 모든 재산을 탕진하고 지금은 도를 닦으며 인생수양중이다.

주식 '개미투자자'는
구조적으로 돈 벌기 어렵다

　30년 동안 주식 투자를 하며 필자가 내린 결론은 대한민국에서 개인이 주식으로는 절대 돈을 벌 수 없다는 것이다. 돈을 많이 벌었다는 사람은 분명 작전세력으로 조직화하여 아무도 쳐다보지 않는 부실주를 띄워 한 건 했다고 보면 정답. 필자는 30대 중반 학원사업으로 번 돈 수억 원과 IMF 직전 장사하여 번 돈 수억 원 등 두 번의 큰 손실을 봤다.

　주식으로 잃어버린 것은 돈뿐만이 아니다. 주식에 대한 미련 때문에 다른 곳에 투자하지 못하고 여기에 매달려 많은 시간 허송세월을 하며 보냈다. 혼자서는 아무리 공부해도 부족한 듯하여 TV 등에서 국내 최고로 주식을 잘한다는 투자자문 사이트에 가입하고, 강연도 수도 없이 다녔다. 단기·중기·장기투자도 해보고 중소형주, 대형주, 우량주, 가치주, 테마주, 넝마주까지 솔직히 안 해본 짓 없이 별짓을 다 해봤지만 필자의 주식 투자는 실패였다.

개미투자자는 요행만 있을 뿐 구조적으로 성공하기 어렵다. 그럼에도 필자가 지금도 주식을 하는 이유는, 그동안 수많은 세월동안 가슴 쓸어내리며 힘들게 해 온 오기와 복권을 사 두고 혹시나 하는 마음에서다. 그러나 이 주식과도 이별을 해야 될 텐데 필자에겐 질병과 같은 것이다.

기대치로 보면 주식도 부동산처럼 수년에 한 번씩 큰 장이 온다. 금융장세, 실적장세, 유동성장세 등등하여 그 시절에 딱 부합하는 주도주가 나온다.

올해는 우리들이 생각지도 못한 코로나19로 곳곳에서 경제위기가 닥치고 있다. 주식이 1차 폭락했고, 머지않아 부동산도 변동이 심할 걸로 보는데, 늘 기회는 세상이 암울할 때 생긴다는 걸 우리는 지난 학습한 경험으로 이미 알고 있다.

우리들 앞에 주식 투자 때가 왔다. 폭망과 기회, 이때는 시대에 맞는 대장주에 집 팔고 현금을 모아 한 번쯤 인생을 걸만도 하다.

돌아보면 한때 건설주 → 철강, 조선주 → 자산주 → 증권·금융주 → 테마주 → 바이오 및 중국 소비 화장품주 → IT 반도체 → 대북주 등 주식으로 수천억 원 자산가도 탄생했다.

지금 코로나시대에 '대박 영웅 주'는 어떤 종목일까?

많은 사람들이 차기 최대 유망 대장주는 카카오, 삼성바이오, 시스템 반도체, 전기차 중에서 초 대박주가 탄생할 거라고 말하고 있다. 필자도 그 쪽을 보고 투자하고 있다.

결과적으로 부동산이든, 주식이든 대세장이 한 번 오면 남다른 전략을 가진 사람은 그때를 놓치지 않고 돈을 쓸어 담는다.

2008년 글로벌 금융위기 때 부동산 대 바닥은 2011~2013년경 나왔는데 그때 토개공 미분양 근린생활시설, 상업지 등에서 '줍줍' 몰빵한 사람들은 2018년까지 그야말로 돈을 갈퀴로 쓸어 담았다고 볼 수 있다.

아무튼 코로나발 주식시장 폭락으로 눈물 흘리는 사람도 많겠지만 누군가에게는 또 다른 대박이 나오리라 본다.

지금 기억해 둬야 할 투자의 핵심

마지막으로 직장을 다니고 장사를 하면서 반드시 기억해야 할 투자의 핵심만 정리해 보면, 투자도 안정적인 직장을 다니면서 하라는 것이고 장사와 사업이 뒷받침 될 때 하라는 것이다. 한마디로 주객이 전도되어서는 안 된다. 부동산이나 주식으로 재미 좀 봤다고 하고 있는 사업을 등한시하고 잘 다니던 직장을 우습게 보면 결국 후회할 일만 남게 될 것이다.

지난날을 돌아보면 두 번의 충격적인 경제위기 때가 바로 기회였고, 그 이후 주가와 지가가 폭등하고 사람들이 열광할 때가 상투였다. 2012~13년 사이 모든 부동산이 한심할 정도로 불황일 때 팔고자 하는 매물이 홍수를 이뤄 처분하지 못해 발을 동동 구를 때가 또 다시 바닥이었다.

그 당시 우량하고 똘똘한 집 한 채를 냉정한 눈으로 선별하여 구입해 놓은 사람들은 요즘 함박웃음을 짓고 있을 것이다.

현재 우리 주변을 돌아보면 핵심지역 아파트가 폭등하고, 빌라 등 집들이 홍수를 이루고, 농지 주변에는 창고가 수도 없이 많이 지어졌다. 시골 깊은 곳까지 전원주택 등으로 몸살을 앓고 있다. 제주와 서귀포를 봐도 예전에 보지 못한 일들이 일어나고 있다. 어제의 밀감 밭이 주택과 카페 등으로 몸살이다. 평택과 세종시 인근, 속초까지 3~4년 전과는 비교가 안 될 정도의 부동산 가격에 놀라움을 금치 못한다. 제주, 평택과 세종시 도심 주변 물권은 형편없는 매물까지 높은 가격으로 올라있다.

이제 투자는 아주 조심해야 한다. 국내 경제가 최악으로 가고 있다. 한 번의 잘못된 판단으로 투자의 무덤에 빠져 꼼짝 못하고 5년, 10년을 묶힐 수가 있다. 부동산 투자는 시간싸움이다. 토지 투자는 3년에서 10년은 내다보고 해야 하고, 혐오시설이나 고압선 근처, 시골동네 한 복판의 땅, 작게 조각내서 파는 땅들은 피하는 것이 좋다. 평생 보유하고 싶은 자연 땅을 사야 한다.

상가 투자의 경우 여기저기 빈 가게가 속출하고, 모두가 상가를 잡으면 큰일 난다고 한다. 상가는 반값 이하로 팔아도 매매가 없을 때가 바닥이다. 이때는 철저히 임대 놓기 좋은 상가를 골라잡아 헐값에 사두는 지혜가 필요하다. 경기가 회복되면 좋은 상가는 부르는 게 값이다. 그러나 지금 상가 투자는 절대 조심할 때이다.

주식도 개미투자자는 1년 내내 하지 말고 장이 어떤 계기로 패닉상태나 큰 대세 상승 초기라고 매스컴에서 떠들 때만 보석 같은 고성장 1등 주에 1년 이상 중기 투자를 해야 승부를 본다. 개인투자자가 1년 내내 주식을 팔고 사는 건 백전백패다.

그리고 세월이 지난 후에야 이런 말을 하게 된다.

"주식은 다 사기"라고.